UNIVERSITÉ DE PARIS — FACULTÉ DE DROIT

LE MARIAGE

CONSIDÉRÉ COMME CONTRAT CIVIL

DANS L'HISTOIRE DU DROIT FRANÇAIS

THÈSE POUR LE DOCTORAT

présentée et soutenue

le Jeudi 23 Novembre 1899, à 2 h. 1/2

PAR

Maurice COVILLARD

AVOCAT

Président : M. LEFEBVRE.

Suffragants { MM. THALLER. SALEILLES. } *professeurs.*

PARIS

LIBRAIRIE NOUVELLE DE DROIT ET DE JURISPRUDENCE

ARTHUR ROUSSEAU

ÉDITEUR

14, rue Soufflot, et rue Toullier, 13

1899

THÈSE

POUR LE

DOCTORAT

LE MARIAGE

CONSIDÉRÉ COMME CONTRAT CIVIL

DANS L'HISTOIRE DU DROIT FRANÇAIS

THÈSE POUR LE DOCTORAT

L'ACTE PUBLIC SUR LES MATIÈRES CI-APRÈS

Sera soutenu le Jeudi 23 Novembre 1899, à 2 h. 1/2

PAR

Maurice COVILLARD

AVOCAT

Président : M. LEFEBVRE.

Suffragants { MM. THALLER. SALEILLES. } *professeurs.*

PARIS

LIBRAIRIE NOUVELLE DE DROIT ET DE JURISPRUDENCE

ARTHUR ROUSSEAU

ÉDITEUR

14, rue Soufflot, et rue Toullier, 13

1899

AVANT-PROPOS

—

Le mariage est un acte complexe : au premier chef il intéresse l'État, mais en même temps la plupart des religions, à raison de son importance, en ont fait un acte sacré, entourant sa célébration de cérémonies et de rites, prenant des mesures pour éviter sa profanation ; et même le catholicisme, le considérant justement comme un des actes les plus importants de la vie, l'a admis au nombre des sacrements. A raison de ce double caractère, des difficultés devaient naître fatalement entre les deux puissances devenues rivales ; la plus forte devant tendre au pouvoir absolu, avec comme conséquence la disparition de l'autre ; l'histoire du Moyen-Age est là pour nous prouver la vérité de cette assertion ; de nos jours, pour éviter le retour d'une situation délicate et grosse de conflits, on a sécularisé le mariage : l'État et l'Église sont deux voisins qui s'ignorent et agissent chacun dans leur sphère en toute liberté (1). Contrairement à ce qui

(1) Voir cependant art. 54 de la loi du 18 germinal an X (articles organiques) et articles 199 et 200 du C. P.

c. 1

existait sous l'ancien régime, des limites certaines et légalement déterminées sont tracées, des empiètements ne sont plus à craindre, et si on ne peut affirmer qu'il y ait parfait accord, on doit faire remarquer qu'il n'est point nécessaire, chaque puisssance agissant dans l'isolement et sans contact avec l'autre.

L'Église n'a pas accepté sans protester la situation qui lui est faite, elle se souvient toujours de la puissance qu'elle a exercée autrefois, mais elle a oublié ses modestes origines. Au commencement de l'ère chrétienne, en effet, « les premiers Pères de l'Église ne demandaient au prince que la liberté de professer leur religion, et ils le remerciaient quand ils avaient le bonheur de l'obtenir » (1). Le vieil empire romain était encore trop solide pour laisser échapper les attributions souveraines qu'il exerçait en notre matière.

L'Église reconnaissait si bien son impuissance, que

___

(1) Turgot, *Le Conciliateur*. Et il continuait ainsi : « C'est toujours à ces premiers temps qu'il faut remonter pour fixer les bornes des deux puissances ; quand les princes sont devenus chrétiens, les évêques, pour se mêler des affaires de l'État, ont demandé que leurs décisions fussent des lois du royaume. Les princes, ou par zèle ou par intérêt, s'imaginant avoir par là plus d'autorité sur leurs sujets, ont cru devoir y condescendre : les uns et les autres se sont trompés : ils ont perdu des deux parts en voulant usurper; chacun s'est attribué des droits qu'il n'avait pas et par conséquent chacun a dérogé aux droits qu'il avait ; car la même loi devenant loi de l'Église et de l'État, comment leurs prétentions auraient-elles pu être éclaircies ? »

nous la voyons intervenir auprès de l'autorité séculière, pour l'engager à annuler par des clauses irritantes, des mariages que les simples prohibitions de l'Église ne pouvaient empêcher.

Mais bientôt l'Empire disparaissait : devant le flot barbare toujours montant, devant ces peuples qui passaient, parmi ces États éphémères, au milieu des débris croulants de la vieille civilisation romaine, le christianisme seul restait debout ; avec l'Église comme force organisée, civilisatrice et intellectuelle ; comme chef le Pape, l'évêque de Rome, qui allait emprunter au nom magnifique de la vieille cité quelque chose de son passé, à ses empereurs leur autorité sur l'Occident tout entier devenu l'Europe chrétienne.

L'Église n'est plus alors le frêle arbrisseau qui cherchait auprès des empereurs romains un appui pour grandir ; les rôles sont changés, c'est l'Église maintenant, dont les monarchies mérovingienne et carlovingienne, incapables de gouverner, vont invoquer le soutien. Ainsi grandit l'Église, alliée nécessaire, aux dépens des droits de l'État, dont elle envahissait lentement le domaine.

Un jour l'État se réveilla prisonnier : il voulut agir et ne le pût ; comment remonter un courant dont on a été le jouet pendant des siècles ? Quelle arme employer pour briser les résistances accumulées par une inertie centenaire, pour rompre des chaînes que l'on s'est forgées à soi-même ? Une revendication nette et franche au moyen d'une ordonnance royale, eut été une révolution que personne ne souhaitait. Ce fut la doctrine qui agit, et l'arme cherchée fut la distinction entre le contrat et le sacrement.

Le Concile de Trente en était, sinon l'auteur, du moins le metteur en œuvre, et avait essayé d'en tirer profit pour annuler les mariages clandestins. Mais jamais il n'était entré dans l'esprit des Pères du Concile, de faire des mots *contrat civil*, un argument en faveur du pouvoir des princes.

La doctrine s'en empara, dans le but de battre en brèche la suprématie de l'Église en matière de mariage, et de rendre à la royauté ses pouvoirs légitimes. Son œuvre fut d'éclairer les obscurités de la situation. L'État par sa faiblesse avait laissé usurper ses droits, et toutes notions étaient confuses ; c'était peut-être l'union, mais suivant l'expression de Turgot, cela s'appelle s'embrasser pour s'étouffer.

Dans le mariage, désormais, il fallait distinguer ce qui dépendait de l'Église, de ce qui dépendait du prince, pour en faire sortir un partage d'attributions sur lequel les civilistes eux-mêmes furent loin de s'entendre : quoi qu'il en soit, un point était certain, c'est que le mariage ne devait pas rester soumis complètement à l'Église, que c'était un acte civil, sur lequel l'État pouvait prétendre autre chose que la règlementation de ses effets juridiques.

Puis arriva la Révolution ; les mots « *contrat civil* » prirent un aspect nouveau ; pour la troisième fois ils changèrent de sens ; les législateurs de cette époque au lieu de remonter à l'idée dont ils étaient sortis, pour se faire une conception précise de cette expression quelque peu ambiguë, s'attachèrent aux mots, abstraction faite de leur origine et de leur histoire, et en déduisirent une conséquence bien imprévue. Ils les prirent tour à tour et en firent sortir tout ce que leur substance pouvait contenir : du mot civil on aboutit à la sécularisation du mariage, dernière étape de la doctrine gallicane, et c'était logique ; mais du mot contrat, isolé de tout ce qui pouvait lui donner une signification, nette et déterminée, on déduisit le divorce par consentement mutuel ; contre sens d'autant plus regrettable que les suites en devaient être désastreuses.

Dans le courant de cette étude purement historique, où le point de vue théologique sera systématiquement laissé de côté, c'est principalement l'histoire de la doctrine que nous aurons en vue ; ce que nous tiendrons surtout à faire voir, ce sont ces efforts sans cesse renouvelés pour la défense des droits de l'État, qui conduisirent les assemblées révolutionnaires, à accomplir une réforme déjà mûrie par un siècle d'études et de discussions juridiques.

PREMIÈRE PARTIE

—

LE POUVOIR CIVIL ET LE MARIAGE
DANS L'ANCIEN DROIT

LA QUESTION AVANT LE CONCILE DE TRENTE

Pendant tout le Moyen-Age, le mariage n'avait été considéré que comme sacrement. L'Église avait acquis sur lui et sur les matières connexes pouvoirs juridictionnel et législatif, à l'exclusion du pouvoir civil. C'étaient ses ministres qui le célébraient.

Or le droit canonique, sur certains points, n'était plus en harmonie avec les besoins nouveaux :

Et d'abord, tout en recommandant aux fidèles de faire bénir leur union par un prêtre, le droit canonique avait admis que le mariage se formait *solo consensu*, par le simple échange des consentements. Les mariages clandestins étaient donc valables.

Par cela seul qu'ils étaient clandestins, de tels mariages étaient dangereux. En dehors même de toute considération tirée de l'honneur et de la stabilité de l'union conjugale, qui en réclame impérieusement la publicité, celle-ci est nécessaire pour porter à la connaissance des tiers les mariages que la loi autorise : les tiers n'étaient donc pas protégés. De graves difficultés venaient à naître si postérieurement à un mariage ainsi conclu, l'un des époux contractait une nouvelle union, publiquement, devant témoins ; pour la juridiction ecclésiastique, c'était cette dernière qui devait prévaloir, en vertu de la maxime *clandestinum manifesto non præjudicat ;* et cependant, dans le for intérieur, le bigame était engagé envers le premier époux et envers lui seul : si bien qu'au tribunal de la pénitence le prêtre lui défendait de rendre le devoir conjugal à son deuxième époux, et devant le tribunal ecclésiastique il lui était ordonné de le rendre sous peine d'excommunication.

Or, avec cette pratique des mariages clandestins, les bigamies étaient nombreuses ; nombreuses donc ces situations sans issues, ces cas de conscience délicats et troublants, dont la solution faisait reculer le prêtre instruit et conscient de ses devoirs. Ces inquiétudes, cette impuissance à conseiller et à guérir les âmes, Luther les avait profondément ressenties ; et, avec lui, Desir Erasme laissait échapper un terrible cri d'angoisse (1).

D'ailleurs le haut clergé de France demandait aussi des réformes, et ne méconnaissait pas les dangers qu'entraînait la pratique des mariages clandestins. Le discours que prononça le cardinal de Lorraine, lors de l'ouverture du Concile de Trente en

---

(1) Voir Esmein, *Le mariage en droit canonique,* t. 2, p. 129.

fait foi : il énumère un certain nombre de raisons qui militent en faveur de la suppression de ces mariages : satisfaisant les caprices d'un moment ou permettant les mésalliances, ils entraînent entre les familles des haines que rien ne peut éteindre, entre les époux la lassitude et bientôt la brouille ; dans tous les cas des difficultés sur la question d'argent.

Cet abus des mariages clandestins n'était pas le seul qu'on eût à déplorer. Le droit canonique, pour rendre le mariage accessible à tous, n'exigeait pas le consentement des parents pour la validité du mariage des mineurs, et comme les mariages étaient clandestins, c'est-à-dire pouvaient se former en l'absence de tout témoin, en dehors de tout contrôle, on conçoit que l'abus des mariages des mineurs fut vivement ressenti.

Pour s'en rendre compte, il suffit de lire le préambule de l'édit de 1556 « touchant les mariages clandestins » c'est-à-dire les mariages des mineurs « qui journellement, par une volonté charnelle, indiscrète et désordonnée se contractaient en notre royaume par les enfants de famille, au déçu et contre le vouloir et consentement de leurs père et mère, n'ayant aucunement devant les yeux, la crainte de Dieu, l'honneur, révérence et obéissance qu'ils doivent en tout et par tout à leurs dits parents, lesquels reçoivent très grands regrets, ennuis et déplaisirs des dits mariages ».

Aussi depuis longtemps une réforme était réclamée par l'état des esprits. On unissait dans une même reprobation les mariages des mineurs et les mariages clandestins. Un certain nombre de conciles même s'étaient émus, et avaient interdit, sous des peines disciplinaires graves, les mariages clandestins; l'un d'eux, le concile de Cologne de 1536, faisait des vœux pour qu'une fausse décrétale, connue sous le nom de canon d'Évariste, et qui annulait les mariages des enfants de famille contractés contre le gré de leurs parents, fut remise en vigueur; mais cette réforme ne pouvait être accomplie que par un concile général.

Peut-être la royauté fût-elle demeurée longtemps sourde aux doléances de ses sujets, lorsqu'elle se vit directement intéressée à mettre un terme aux abus des mariages des mineurs.

Diane de France, fille naturelle de Henri II, avait été destinée dès l'âge de 7 ans à François de Montmorency. Mais François avait échangé des paroles de présent avec Jeanne de Pienne, fille d'honneur de Catherine de Médicis; ces paroles de présent, manifestation extérieure de la volonté que les parties avaient de s'unir en mariage, suffisaient pour que le mariage fût valable. Henri II allait donc devoir renoncer à un projet qu'il caressait depuis si longtemps. Alors s'engagea une véritable intrigue pour supprimer l'obstacle gênant : de Montmorency se rétracta, déclara qu'il n'y avait pas eu de paroles de présent, tout au plus des paroles de futur, simples fiançailles, et même moins encore, des propos sans importance; bref le mariage rêvé par le roi pût être célébré.

Cependant Henri II avait senti de trop près le danger que présentaient ces mariages aux formes trop simples, pour négliger d'y porter remède ; aussi en février 1556, fit-il publier un édit qui est demeuré célèbre dans l'histoire du mariage.

C'est la première œuvre législative du pouvoir civil sur cette matière depuis le Moyen-Age, et à ce titre, nous devons nous y arrêter. Cette revendication des droits de la royauté depuis si longtemps usurpés par l'Église, est certainement incomplète : comme le montre clairement son texte, et comme on l'admit généralement, l'édit ne prononce pas la nullité des mariages des mineurs faits sans le consentement de leurs parents, il ne touche qu'aux effets civils : les parents pourront exhéréder leurs enfants, et révoquer les donations qu'ils leur auront faites.

C'était tout ce que le pouvoir civil avait cru pouvoir faire. Prononcer la nullité ? Mais qui pourrait affirmer que le roi ou ses conseillers aient songé un instant à cet extrême remède ? La royauté n'avait pas encore repris nettement conscience de ses droits. Sans doute, l'Église avait été ébranlée par la Réforme : des idées nouvelles apparaissaient; les calvinistes niaient que le mariage fut un sacrement, et reconnaissaient au pouvoir civil le droit de légiférer sur ce contrat; mais cet esprit réformateur même, avait attiré sur les protestants la méfiance des pouvoirs publics. On sait quel accueil reçut la Réforme des rois de France. Cette tentative d'affranchissement de la pensée humaine, qui portait une si rude atteinte à l'autorité de l'Église, semblait devoir être une menace pour la monarchie; cette « insurrection de l'esprit humain contre le pouvoir absolu de l'ordre spirituel » (1) n'allait-elle pas avoir sa repercussion dans l'ordre politique? En présence du danger commun, l'union devenait nécessaire, et la royauté songeait bien moins à empiéter sur les vieilles prérogatives de l'Église, qu'à les faire respecter de tous. Aussi, par une sorte d'accord tacite et de convenances, le pouvoir civil restreignit volontairement son rôle.

Et d'ailleurs l'Église était une alliée nécessaire qu'il eût été impolitique de s'aliéner. On verra le mal qu'eurent l'Église et le roi unis à extirper les mariages clandestins au sens large, combien il fallut combattre, quelles ruses imaginait, pour tourner la loi, un peuple jaloux de plusieurs siècles de liberté. Le pouvoir civil aurait été impuissant à lui seul à réaliser une réforme de cette importance. Peut-être le comprit-il.

(1) Guizot, *Histoire de la civilisation en Europe*, 12e leçon.

Là-dessus il semble que l'opinion ait été unanime. Si des gallicans comme Pasquier regrettaient que que l'on n'eût pas été jusqu'au bout, ils reconnaissaient que pour franchir ce pas, une entente avec l'église gallicane était nécessaire. A plus forte raison, les ultramontains; certains d'entre eux trouvèrent même que les rois de France avaient été trop loin, et si nous croyons Paolo Sarpi qui écrivit l'histoire du Concile de Trente, Paul IV aurait menacé du concile le roi de France à l'occasion de son édit de 1556.

C'était donc à l'Église qu'il convenait de dire le dernier mot sur les mariages clandestins.

§ II

LE CONCILE DE TRENTE

Le Concile de Trente s'ouvrit en 1542, mais ce fut seulement en 1563 que la question qui nous intéresse fut posée devant lui. Le 24 juillet, les ambassadeurs français présentèrent au Concile une véritable requête : « Le roi très chrétien demandait que les antiques solennités du mariage fussent rétablies, et que les mariages fussent célébrés ouvertement et publiquement à l'église : que, si dans certains cas on jugeait à propos de permettre le contraire, on déclarât du moins qu'un mariage ne pût être réputé légitime avant d'avoir été célébré par le curé ou par un prêtre en présence de trois témoins ; et que les mariages des enfants de famille, sans le consentement de leurs parents, fussent nuls : afin de retenir les enfants dans leur devoir, les empêcher d'être la honte de leur famille et de contracter des engagements dont l'unique objet est le libertinage ; mais en même temps pour obvier à la négligence coupable des parents qui ne se mettaient pas en peine d'établir leurs enfants, ils ajoutaient que l'on prescrivît un

âge au delà duquel les enfants pourraient d'eux-
mêmes se marier si les parents n'y avaient point
encore pourvu. »

Tout en rappelant les inconvénients réels des mariages clandestins, les ambassadeurs français ap-
puyaient leurs revendications d'un programme qui
allait servir de base aux discussions du Concile. Elles
commencèrent aussitôt.

Presque tous les Pères du Concile reconnaissaient
la nécessité de la réforme proposée. Mais comment
s'y prendre pour annuler des mariages, qui, pendant
des siècles, avaient été considérés comme valables.
N'était-ce pas porter la main sur le sacrement ?

C'est alors que pour annuler les mariages clandestins, on proposa, entre autres combinaisons, de recourir à la distinction du contrat et du sacrement.

Quelle en est l'origine ?

Faut-il la faire remonter à saint Thomas d'Aquin
qui, dans plusieurs passages souvent cités (1), consi-

---

(1) Saint Thomas d'Aquin, Sent. IV, dist. XXXVI, art. 5 : *Dicendum quod matrimonium cum fiat per modum contractus
cujusdam, ordinationi legis positivæ subjacet sicut et alii contractus.* — Sent. IV, d. XXXIV, quest. 1, art. 1 : *Matrimonium
autem in quantum est in officium naturæ statuitur jure naturæ;
in quantum est in officium communitatis statuitur jure civili;
in quantum est sacramentum statuitur jure divino.* — L. IV,
Contra gentes, C. 78 : *in quantum igitur ordinatur ad bonum
naturæ, quod est perpetuitas speciei, dirigitur in finem a natura inclinante in hunc finem, et sic dicitur esse naturæ officium; in quantum vero ordinatur ad bonum politicum subjacet*

dère le mariage à trois points de vue, selon ses trois
fins : comme contrat de droit naturel, comme contrat de droit civil et comme sacrement, et qui déclare
que comme contrat, le mariage est régi par la loi
civile ? Il est à peu près certain que saint Thomas,
qui, d'ailleurs, n'emploie pas le mot de *contractus
civilis*, ne fut pas le promoteur de la distinction qui,
plus tard, eut tant de succès auprès des gallicans ;
nulle part il ne distingue le contrat du sacrement ;
il est bien plus probable qu'il n'avait en vue que les
effets civils du mariage.

L'origine de cette distinction semble bien plutôt
devoir être fixée à différents cas particuliers, dans
lesquels certains canonistes ne trouvant pas réunies
les conditions de forme requises, et d'un autre côté
n'osant pas se mettre en contradiction avec une doctrine solide et constante qui déclarait de tels mariages valables, y voyaient bien un contrat mais non
un sacrement. Tels étaient notamment le mariage
d'un sourd-muet contracté par signes (1), et le mariage fait par procureur (2).

Le Concile de Trente reprit cette distinction, et de la
discussion qui s'engagea à ce propos, des explications

---

*ordinationi civilis legis; in quantum ordinatur ad bonum eccl e-
siæ, oportet quod subjaceat regimini ecclesiastico.*

(1) Lorry, *Essai de dissertation*, etc., p. 218.

(2) Theiner, *acta genuina concilii Tridentini*, II ; Lucencis,
331 ; *Generalis prædicat.*, 333.

des différents Pères, nous allons essayer d'établir quelle idée on se faisait à cette époque du pouvoir de l'Église sur le mariage.

Voici comment on peut résumer sa doctrine, telle qu'elle ressort des travaux préparatoires dans lesquels furent élaborés les canons et le décret de réformation.

Dans le mariage chrétien il y a deux choses nettement distinctes, non seulement en raison, mais dans le temps (1), le contrat et le sacrement ; l'un appartient au domaine terrestre, l'autre est un effet de la grâce. Le contrat *vinculum naturale* (2) est en effet la matière, la base, le fondement du sacrement (3) *vinculum supernaturale*. Le sacrement suppose le contrat comme l'effet suppose la cause (4), sans contrat pas de sacrement ; il lui est donc préexistant, *prior*. Si donc le contrat est annulé, si le Concile, dans un cas déterminé, prononce : *consensus clandestinus non erit materia sacramenti*, le sacrement

----

(1) Theiner, II, 331, Lucencis.

(2) Theiner, II, Cauriensis, 352.

(3) Theiner, II, Laucianensis, 345 : *contractus est fondamentum sacramenti* ; Clodiensis 320 : *ratio contractus est prior... et praesupponitur in ratione sacramentali ;* le même, 348 : *ratio contractus præcedit rationem sacramenti ;... in matrimonio ratio contractus se habet ad rationem sacramenti, sicut subjectum ad accidens, et natura ad gratiam ;* V. aussi Civitatensis, 328 ; Lucencis, 365.

(4) Theiner, II, Civitatensis, 362 : *... Ratio contractus... est præcedens sacramentum, cum sit causa efficiens, quæ præcedit effectum.*

ne pouvant désormais reposer sur rien, disparaît avant d'avoir pu se former; donc, sans être mis directement en cause, sans que l'Église y ait porté la main (1).

Quant au point de savoir si l'Église a le pouvoir de toucher au contrat, cela ne fait pas de doute pour la grande majorité des Pères. Si l'Église ne peut toucher au sacrement, elle peut en modifier la matière. Un prince païen peut régir la matière du mariage comme il l'entend dans ses États, il n'y a là qu'un contrat civil *extra rem publicam christianiam est sæcularis contractus.* La situation change si nous nous plaçons dans un royaume chrétien, le contrat n'a plus le même caractère, il devient un *ecclesiasticus contractus* (2), par suite l'Église a le pouvoir de veiller sur lui et de le régir.

Qu'est donc devenu le pouvoir des princes? A-t-il disparu complètement et l'Église est-elle investie d'un pouvoir propre sur le mariage, l'État ne conservant dans sa sphère d'action que les effets civils? ou bien n'est-elle que la mandataire tacite de la puissance séculière qui, par déférence pour l'Église, s'abstient d'user de ses droits? Tel est le point délicat à résoudre.

(1) Theiner, II, Clodiensis, 320 : *dum irritatur consensus, non irritatur sacramentum, sed id quod præsupponitur in sacramento.*

(2) Theiner, II, Leriensis, 323.

M. Esmein adopte la seconde solution. Quant à nous, les procès-verbaux des débats du Concile ne nous paraissent pas formels. Aussi, sans nous abstenir sur une question de cette importance, croyons-nous en toute sincérité, que les Pères du Concile ne se faisaient pas eux-mêmes une idée bien nette de leurs droits; le pouvoir séculier ne revendiquant pas les siens, ceux-ci étant à l'état de lettre morte, comment le Concile aurait-il songé à les discuter, à tracer les limites entre les deux puissances? Cette question ne l'intéressait pas. Ce que les Pères cherchaient surtout à prouver, c'est que le contrat était du domaine terrestre, *contractus humanus et non contractus divinus*, et qu'une puissance de ce monde, en l'espèce c'était le Concile représentant sans conteste possible la chrétienté tout entière, pouvait le modifier. En d'autres termes, nous ne croyons pas qu'il faille chercher dans les discussions qui eurent lieu au Concile, la solution d'une question qui ne se posait pas en fait, et que les Pères ne songeaient guère à résoudre au point de vue du droit. Le seul point certain, c'est que l'Église et l'État avaient chacun un certain pouvoir sur le contrat, l'Église ayant la puissance suprême (1). Mais nous entrons dans le domaine des conjectures

(1) Theiner, II ; F. Bellosillo, p. 241 ; P. Bracharensis, 317 ; Metensis, 324 ; Mutinensis, 322 ; Legionensis, 326 ; Co-

si de là nous voulons conclure avec quelque précision.

Dans tous les cas, les conséquences juridiques et logiques de la distinction du contrat et du sacrement n'étaient pas celles que croyait pouvoir en tirer le Concile. C'était plutôt de remettre à la puissance temporelle le droit de légiférer sur le contrat. C'est ce que vit fort bien Antonius Solicius (1) ; selon Paolo Sarpi, il protesta contre une distinction qu'il admettait d'ailleurs au point de vue du dogme, mais dont il jugeait les conséquences dangereuses en ce qui concernait le pouvoir de l'Église ; « il était fort à craindre, disait-il, tandis que l'on voulait reconnaître à l'Église le pouvoir d'annuler les mariages clandestins, que l'on ne le donna plutôt à la puissance séculière ». Plus tard, Launoy, un de nos premiers civilistes, tirera argument de cette intervention d'Antonius Solicius en faveur du pouvoir du prince. Pour l'historien impartial. nous croyons qu'il ne faut pas en exagérer l'importance. Il nous semble qu'Antonius Solicius ne dut pas être compris de l'immense majorité des Pères du Concile, ses craintes durent paraître vaines, et si l'on repoussa le principe de la distinction proposée, si l'on usa d'un autre détour pour an-

lumbriensis, 330 ; Clodiensis, 348 ; Ostunensis, 359 ; Oppidensis, 364.

(1) D'après Pallavicini, *Hist. du Conc. de Trente,* l. XXII, chap. IV. Gilles Foscarari, évêque de Modène, fut aussi de cet avis.

nuler les mariages clandestins, nous ne croyons pas qu'il faille rattacher cet incident à l'intervention de cet orateur clairvoyant. La distinction du contrat et du sacrement, au cours de la discussion. avait rencontré de nombreux adversaires, pour lesquels, au point de vue de la foi, le contrat et le sacrement formaient un tout inséparable : *ita conjuncta sicut calor et ignis* (1) ; le contrat constituant la vraie forme du sacrement. Cette opinion, énergiquement soutenue au Concile, y triompha, comme elle a définitivement triomphé de nos jours. En effet, dans son Encyclique de 1880 (2), Léon XIII, après Pie IX, condamne la distinction du contrat et du sacrement.

Finalement, pour annuler les mariages clandestins, on eût recours à une incapacité nouvelle tombant sur les parties contractantes. Mais cette discussion ne devait pas être stérile ; les civilistes en reprendraient les arguments pour travailler à construire une théorie qui allait devenir célèbre.

On entra alors dans la discussion des conditions proposées par le roi de France. C'est là que le Concile sembla un instant se montrer plus civiliste que

---

(1) Theiner, II ; Clusinus, p. 360. — V. aussi Parmensis, 329 ; Atrebatensis, 323 ; Montisfalisci, 324-355 ; Iprensis, 328 ; Calvensis, 329 ; Uxellensis, 333.

(2) « Il n'y a rien de plus contraire à la vérité. que de faire du sacrement une sorte de cérémonie additionnelle ou de propriété étrangère, qui peut être disjointe ou séparée au gré des hommes. »

le roi. Tandis que la requête des ambassadeurs français proposait de confier au curé la mission de présider à la formation de l'union conjugale, le Concile songea tout d'abord aux notaires, à des fonctionnaires civils ; si cette idée avait pris corps, on aurait eu avant la lettre, la séparation de contrat et du sacrement quant à la célébration, et cet état de fait aurait certainement été d'un fort appoint dans l'œuvre que devaient bientôt entreprendre les gallicans. Il fut finalement décidé que le mariage se célébrerait devant le propre curé des parties, assisté de deux témoins.

En ce qui concerne le mariage des mineurs la pétition du roi de France n'eut pas le même succès : Elle demandait qu'on fixât une majorité pour contracter librement mariage ; trois projets furent successivement émis, annulant tous trois les mariages des mineurs faits sans le consentement des parents, la majorité matrimoniale seule variait. — Un dernier projet tout différent loin d'annuler les mariages des mineurs proclamait au contraire leur validité, il fut adopté. L'esprit conservateur l'avait emporté. Devant l'inertie de l'Église, le pouvoir séculier allait-il se décider à agir ?

§ III

LES ORDONNANCES ET LES EFFETS CIVILS
DU MARIAGE

Le Concile de Trente pour être exécutoire en France devait être reçu et publié par le Pouvoir civil. Celui-ci refusa de le faire. « Le Concile de Trente, dit Pothier (1), ne put être reçu en France malgré les efforts que firent la Cour de Rome et le clergé pour l'y faire recevoir... l'atteinte qu'il donne dans ses décrets de discipline aux droits de la puissance séculière et à nos maximes sur un très grand nombre de points, fut et sera toujours un obstacle insurmontable à sa réception dans le royaume. » Cette incompatibilité des décrets avec les libertés de l'Église gallicane, Du Moulin l'avait signalée avec une ardeur passionnée. « Ainsi, s'écrie-t-il dans son *Conseil sur le fait du Concile de Trente*, voilà le dit Concile papal qui fait du roi notre souverain seigneur, son valet, son sergent et exécuteur, et l'asservit d'avouer et tenir telle foi que veut le pape... » et même avant

(1) Pothier, *Du Contrat de mariage*, nº 349.

lui, les ambassadeurs français avaient protesté en se retirant du Concile.

Cependant les abus signalés persistaient, il était urgent qu'on y portàt remède. La jurisprudence des officialités montra quelque audace, et en 1576 l'official de Soissons annula un mariage, pour lequel les formalités prescrites par le Concile de Trente, n'avaient pas été observées. L'affaire vint sur appel comme d'abus devant le Parlement de Paris, et la sentence fut déclarée abusive ; cependant l'avocat général Brisson, après avoir conclu en ce sens, ajoutait : « bien serait désirable pour empescher les desponsations et conjonctions clandestines, qu'il se fit une sévère loi qui punit les contractants en cette sorte, d'une telle rigueur, que nul ne fut en faute (1). »

Ce vœu répondait au sentiment général, et dans les cahier du tiers pour les États de Blois de 1576, il est demandé : « qu'il fut interdit aux curés de passer outre à la célébration des mariages, s'il ne leur apparait du consentement des père, mère et curateur, sous peine d'être punis comme fauteurs du crime de rapt (2). »

L'ordonnance de 1579 devait répondre à ces doléances.

(1) Plaidoyers de Me Loys Servin, Paris, 1603, in-12, p. 54.
(2) Duguit, *Etude historique sur le rapt de séduction*, Nouvelle Revue historique, t. X, p. 618.

Dans son article 40, elle adoptait, sinon dans les termes précis, du moins quant au fond, les décisions du Concile en ce qui concernait les formes du mariage.

Le point capital était le mariage des mineurs, on n'en prononça pas la nullité, mais le prêtre qui célébrait un pareil mariage, ainsi que l'époux majeur et ses complices, devaient être punis de mort, comme fauteurs du crime de rapt.

Lors de la rédaction de l'ordonnance de 1629 (Code Michau), une matière de cette importance ne pouvait être laissée de côté ; l'article 39 déclare, sans distinguer, que tous mariages contractés contre la teneur de l'ordonnance de Blois, seront déclarés non valablement contractés, et pour dissiper toute équivoque, d'après l'article 169, les mariages faits avec ceux qui auront ravi et enlevé les dites veuves, fils et filles, seront déclarés nuls, de nuls effet et valeur, comme non valablement ni légitimement contractés.

Cette fois la nullité était franchement prononcée ; aussi, dès 1630, le clergé faisait entendre ses observations sur cette formule « non valablement contracté » et sur les remontrances du clergé « M. le Garde des Sceaux et MM. les Commissaires répondirent, de la part du roi, que la difficulté avait été levée par l'explication du mot non valablement contracté qui ne pouvait être pris que par rapport au civil ».

La royauté reculait donc, n'osant pas plus qu'en
1579, pas plus qu'en 1556, toucher au mariage, elle
se bornait à en réglementer les effets civils, contri-
buant ainsi à donner quelque solidité à la théorie
nouvelle qui n'accordait au pouvoir séculier que le
droit de déterminer les effets juridiques du mariage.

Le Code Michau, d'ailleurs, ne fut jamais appliqué.

Vint ensuite la déclaration de 1639. Plus rigoureuse
que les ordonnances en vigueur, la déchéance que
les mineurs encouraient avait lieu de plein droit
ipso facto, mais on ne prononçait pas la nullité de
leur mariage ; le législateur se bornait à assimiler le
rapt au défaut d'autorisation des parents ; les tribunaux et les juristes entrèrent dans la voie que leur
ouvrait le législateur : ils assimilèrent le rapt de séduction, non prévu par les conciles, au rapt de violence qui, en droit canon, entraînait la nullité de
l'union, puis au moyen d'une présomption absolue de
rapt de séduction, ils arrivèrent à annuler tous les
mariages des mineurs.

Il y eut bien quelques dissentiments (1), mais en général, ce fut le rapt de séduction, non la minorité qui
entraîna l'annulation des mariages des enfants de
famille.

D'autres cas se présentaient aussi dans lesquels la

---

(1) Voir Denis Talon, *Conclusions dans l'affaire Lhuillier*.
Durand de Maillane, *Libertés de l'Église gallicane*, t. 4, p. 94.

législation civile, au premier abord plus exigeante
que la législation ecclésiastique, semblait prononcer
la nullité.

C'était d'abord le défaut de publication de bans.

Le Concile de Latran, puis après lui le Concile de
Trente, avaient proclamé la nécessité de ces publications ; mais quelle en était la sanction ? Après
quelque controverse, la congrégation du Concile décidait, dès 1587, qu'en pareil cas il n'y avait pas nullité. En France, la question se présentait différem-
ment, car l'ordonnance de Blois décidait, dans son
article 40, que l'on ne pouvait valablement contracter mariage « sans proclamation précédente de bans »,
ceci semblait devoir conduire à la nullité ; il est vrai
que l'article ajoutait, après avoir déterminé les conditions de forme, « le tout sur les peines portées par
les conciles », or, les conciles, nous venons de le
voir, n'avaient pas fait, du défaut de publications de
bans, un empêchement dirimant. La jurisprudence,
après avoir décidé d'abord qu'un tel manquement
aux formes entraînait la nullité du mariage, changea
au cours du XVIIe siècle et distingua fort arbitraire-
ment, du reste, entre le mariage des majeurs et celui
des mineurs ; dans ce dernier cas, si d'ailleurs le
consentement des parents n'avait pas été donné, la
présomption de rapt se trouvait fortifiée et le mariage
déclaré nul.

Un autre cas devait aussi faire quelque difficulté.

Pour l'Église la présence du curé suffit, peu importe comment les contractants se la sont procurée, par surprise, par dol ou par violence ; le mariage est toujours valable, pourvu que les parties aient prononcé les paroles de consentement devant le *proprius parochus*, et que celui-ci ait pu les entendre. A cet égard, les décisions de la congrégation du Concile sont formelles. La déclaration de 1639 se montra-t-elle plus exigeante ? Le curé, disait-elle dans son article, « recevra le consentement des parties et les conjoindra en mariage ». N'était-ce pas donner ainsi au prêtre un ministère actif, au lieu du rôle de témoin dans lequel les canons le renfermaient ? Non, car la célébration devait avoir lieu « suivant les formes pratiquées par l'Église », ce qui détruisait complètement l'argument que l'on aurait pu tirer du mot « conjoindre ».

De tels mariages allaient donc être déclarés valables ; on pourrait surprendre le prêtre dans son église, le sommer de procéder à la célébration, et sur son refus, faire prendre acte par des notaires amenés à cet effet, de tout ce qui s'était passé. Le premier qui recourut à un pareil expédient fut Gilbert Gaumin ; son exemple fut suivi et les *mariages à la Gaulmine* furent fort à la mode ; ils permettaient ainsi de se conjoindre au mépris d'oppositions, aux mineurs de se marier sans le consentement de leurs parents, à un catholique d'épouser une protestante. Tout le monde était d'accord pour repousser de tels mariages, le clergé demandait des mesures rigoureuses, et le Parlement, par ses arrêts de réglement, essayait d'apporter quelque remède à cet abus ; mais pour obtenir un résultat sérieux, il fallait aller jusqu'à la nullité. C'est ce que fit, en 1692, le Parlement de Paris, sur conclusions conformes de M. de Lamoignon.

Si donc la jurisprudence montra quelque initiative propre, le pouvoir civil ne se hasarda qu'avec prudence. Après s'être adressé, mais sans effet, au Concile de Trente, comme au pouvoir naturellement compétent en la matière, il se décida à agir lui-même, mais avec quelle timidité ; il veut briser le joug que l'Église catholique fait peser sur la royauté, il veut se soustraire à cette tutelle qui fut un moment sa force, mais dont aujourd'hui il est las, il n'ose. S'il fait un pas en avant, il recule bien vite et se retranche derrière les textes des conciles en invoquant leur autorité. Ce recours constant du législateur civil à la puissance ecclésiastique symbolise bien l'esprit du temps. En la forme, la royauté agit ; au fond, elle enregistre les décrets de l'Église. Pour lui rendre la conscience de ses droits, il était nécessaire de revenir aux principes, c'est là l'œuvre de la doctrine.

§ IV

LA DOCTRINE. — LES CIVILISTES & LES ULTRAMONTAINS

Le Concile de Trente n'avait pas voulu annuler les mariages des mineurs faits sans le consentement de leurs parents ; la royauté ne s'était pas cru assez puissante pour agir à l'encontre des décisions du Concile. Ce fut la doctrine, qui, donnant à la question l'ampleur des grandes controverses, proclama le droit imprescriptible des princes de créer des empêchements dirimants (1).

(1) C'est bien là le seul but visé par la doctrine. La sécularisation du mariage a donné à l'État le droit de réglementer le mariage, de le faire célébrer par un ministre de son choix qui en conserve la preuve, de remettre les causes matrimoniales aux tribunaux civils. La doctrine ne demanda jamais une célébration uniforme pour tous ; quant aux tribunaux ecclésiastiques, si certaines causes leur furent retirées, ce fut au moyen de l'appel comme d'abus ; théorie issue également de celle des libertés de l'Église gallicane, parallèle donc à la nôtre, mais différente. Cependant certains civilistes essayèrent de la rattacher au droit qu'ont les princes d'établir des empêchements dirimants : V. Lettre du chancelier de Pontchartrain au 1er Président du Parlement de Besançon, 3 septembre 1712. « Si le prince a le droit d'établir des empêchements dirimants, le magistrat doit avoir nécessairement l'autorité de juger de l'application et de l'effet de ces

Cette doctrine est celle des gallicans. Elle dérive en effet, d'une des maximes fondamentales, sur lesquelles reposent ce qu'on appelle les libertés de l'Église gallicane, à savoir que la puissance donnée par Jésus-Christ à son Église est purement spirituelle et ne s'étend directement ni indirectement sur les choses temporelles. Or, dans le mariage, à côté du sacrement créé par Jésus-Christ pour sanctifier l'union des époux, il y a quelque chose de temporel : il y a le contrat.

Tel fut le point de départ de la doctrine.

Elle fit triompher la distinction du contrat et du sacrement que certains Pères du Concile de Trente avaient proposée, sans la faire admettre, et sut en tirer des conséquences redoutables.

Quelle influence détermina ce mouvement ? La renaissance du droit romain en révélant aux légistes la souveraineté de l'empereur, seul maître, leur avait suscité l'idée de faire passer cet idéal dans la vie réelle, et de reconstituer la puissance impériale au profit du roi. C'était cette influence des textes romains qui, par l'abaissement des grands feudataires, avait abouti à la monarchie du XVIe siècle. La même idée inspira nos civilistes ; sans cesse ils invoquent les précédents romains, la puissance dont

empêchements dirimants dans chaque espèce particulière et par-conséquent de déclarer le mariage nul même quant à l'essence du contrat... » Voir de même Lorry, *op. citata*, p. 192.

c. 3

les empereurs chrétiens étaient investis sur le mariage. De plus la théorie de la monarchie de droit
divin, d'après laquelle les rois sont les représentants
de Dieu sur la terre. devait faciliter l'œuvre des gallicans, en calmant bien des inquiétudes.

Voici comment on peut résumer leur doctrine :

Jésus-Christ, en instituant dans son Église un sacrement pour bénir et sanctifier le mariage, n'en a
pas changé la nature (1). C'était un acte civil, un
contrat sur lequel les princes avaient le droit de lé-

---

(1) Hennequin, *Christus matrimonium instituendo sacramentum nihil in illo ut contractu civili immutavit, sed tantum illi
ut prærequisito fundamento necessario imposuit, trunco inse_
ruit, principali annexuit, materiali affixit naturam et dignitatem sacramenti, ita ut matrimonium contractum civilem
reliquerit hujusmodi post, cujusmodi erat ante sui institutio-
nem et elevationem in sacramentum,* cité par Pothier, *Cont. de
mar.,* nᵒ 14. — V. Launoy, *Regia in matrimonium potestas,*
p. 50. 1ª ratio « *quod autem sit sacramentum nihil interest
omnino, tum quia contractus civilis, cui innititur sacramentum, ab regum potestate non eximitur per Christum sacramen-
torum auctorem, tum quia ratio sacramenti matrimonio super-
veniens humanum contractum non mutat, sed potius, uti ido-
neam materiam supponit . Quare sœcularis princeps œque
potest justa de causa hunc contractum irritum facere. Ac si non
esset ad sacramenti dignitatem evectum* ». — Observ. du président de Lamoignon sur l'affaire Lhuillier, cité par Durand de Maillane, *Libertés de l'Église gallicane,* t. 4, p. 94. — Gerbais,
Traité pacifique, p. 382. — Héricourt, *Lois ecclésiastiques. Mariage,* art. 1. — Plaidoirie de l'avocat général La Chalotais,
arrêt du 12 juillet 1740, Rennes. — *Conférences de Paris,* t. II,
p. 30. — Le Ridant, *Examen de deux questions importantes
sur le mariage,* Préface, p. 1 et suiv.

giférer ; ce droit ils ne l'ont pas perdu. A ce contrat qu'il ne modifiait pas, Jésus-Christ a surajouté la notion de sacrement, le premier servant de base au second ; sans contrat donc pas de sacrement : « parce qu'un sacrement qui est institué pour bénir le mariage n'existe pas sans mariage ; on ne peut pas bénir de pain, si on n'a pas de pain ;... on ne peut pas de même bénir un mariage s'il n'y a pas de mariage (1). » Si le contrat est nul « le sacrement n'y peut être attaché, non plus que la forme ne peut subsister sans la matière » (2).

Cette distinction une fois établie restait à en tirer les conséquences. La grande majorité des auteurs, et ce fut l'opinion la plus goûtée, estima que le droit d'apposer des empêchements dirimants appartenait à la fois à l'Église et au prince : l'Église ayant pouvoir sur le sacrement, le prince sur le contrat. Une minorité de jurisconsultes plus logiques, et s'appuyant sur des principes plus sûrs, accorda aux princes seuls le droit de prononcer les nullités de mariage. Enfin, et à l'extrême, la doctrine des civilistes se vit opposer celle des ultramontains, qui niaient que l'on pût séparer le contrat du sacrement, et pour lesquels le droit d'établir des empêchements dirimants n'appartenait qu'à l'Église.

(1) Le Ridant, op. cit. Préface. V. Pothier, *Contrat de mariage,* n° 12.

(2) Observ. du président de Lamoignon sur l'affaire Lhuillier.

En résumé deux opinions absolues, et une opinion intermédiaire, dont au moindre examen éclatait la faiblesse, mais qui sût trouver un terrain d'entente assez large pour grouper la majorité.

Au fonds, la question de la souveraineté, de l'indépendance et de l'autonomie de l'État était posée, et la doctrine allait ainsi élaborer, à l'occasion du mariage, un des principes fondamentaux de notre droit public.

Tel fut l'objet de cette grande dispute qui divisa le monde des savants et des canonistes, porta le trouble jusque dans la Sorbonne et de laquelle les esprits éclairés de l'époque ne se désintéressèrent pas. Tous les érudits n'avaient pas tardé à prendre parti dans la question, et selon son éducation, ses goûts et ses penchants, chacun adoptait, peut-être sans trop la discuter, l'une ou l'autre des opinions en présence. Si l'on en croit un civiliste timoré et prudent : « Les superstitieux se jetaient aveuglément d'un côté, les libertins se précipitaient hardiment de l'autre ». Les uns tenaient pour l'Église, les autres pour le prince ; « on se parait d'un côté du sacré nom de la religion, on alléguait de l'autre l'équité naturelle et l'autorité des lois : » et dans la vivacité des polémiques de cette « discorde plus que civile » on n'épargnait guère, selon le camp auquel on appartenait, ni l'Église ni le prince. « Comme si on ne pouvait faire justice à une des puissances sans faire injure à l'autre, ou que l'une ne pût se soutenir que par la destruction

et sur les débris de l'autre (1). » Nous devons déclarer pour nous garder de toute exagération, que si
les ultramontains entreprenaient manifestement sur
les droits de l'État, les civilistes au contraire travail-
laient à rétablir un équilibre logique entre deux puissances ; et que jusqu'aux plus absolus, nos gallicans
furent toujours d'excellents catholiques, aussi fidèles
à leurs principes religieux, que dévoués à leur souverain.

*
* *

Ainsi la distinction du contrat et du sacrement soutenue au Concile de Trente n'était pas l'expédient
d'un jour. Elle avait de profondes racines dans les
esprits, et, loin de diminuer d'autorité après son
échec, elle grandit en importance. Fréquemment, elle
fut soutenue en Sorbonne et dans les écoles étran-
gères, mais cette fois avec les conséquences logiques
qu'elle comportait.

Ces conséquences, nous l'avons dit, certains Pères
en nombre très restreint, les avaient entrevues.
Catharin archevêque de Conza, qui fut au Concile,
accordait en 1552, dans son traité des mariages
clandestins, aux magistrats civils, le droit de régler
le mariage dans tout ce qui n'est pas contraire au
droit naturel et au droit divin. Cette formule sera
reprise plus tard. — L'un des plus célèbres, Pierre

---

(1) Gerbais, V. *oper. citat.* Épître au chancelier Boucharat.

Sotto, dans plusieurs de ses ouvrages, notamment
dans son traité du mariage, expose en quelques
lignes, les conclusions auxquelles il aboutit (1), ce
seront plus tard celles de Gerbais qui prendra Sotto
pour modèle : l'Église et le prince ont tous deux
juridiction dans la matière.

Après eux, le jésuite espagnol Sanchez soutint la
même doctrine en termes formels (2).

Avec Hennequin la doctrine française entre en
scène.

Professeur en Sorbonne, Hennequin, dans un
passage célèbre (3), que tous ceux qui l'ont suivi repro-
duisent, après avoir déclaré que Jésus-Christ n'a rien
changé au mariage considéré comme contrat civil,
exposait dans un langage singulièrement précis,
comment le sacrement était venu se greffer sur le

(1) Sotto, leçon 4 : *Nec debent prælati gravate suscipere, si quod
temporali paci viderint necessarium sæculares principes statuant ; nec est cur illis se opponant, sed permittant potius
matrimonium legibus humanis ordinandum, cùm officium
humanum sit ; et addant postea ipsi, si videbitur, quod ad
bonum religionis pertinet.....*

(2) Sanchez, de Matrimonio, c. 7, disp. 3, nᵒ 2 : *Absque dubio
dicendum est posse principem sæcularem ex genere et natura
suæ potestatis, matrimonii impedimenta dirimentia fidelibus
sibi subditis ex justa causa indicere....., nec obstat principis
sæcularis potestati, matrimonium esse sacramentum ; quia ejus
materia contractus civilis qua ratione perinde potest ex justa
causa illud irritare, ac si sacramentum non esset, reddendo per-
sonas inhabiles ad contrahendum et sic invalidum contractum.*

(3) V. page 34, note 1.

mariage *ut praerequisito fundamento necessario*
le mariage restant après comme avant soumis à la
puissance séculière. L'autorité de ce docteur (1),
dont P. Pithou disait qu'il tenait lieu de toute la
Sorbonne, donna beaucoup de vogue à cette opinion,
et les bacheliers en licence la soutinrent dans leur
thèse sans qu'on s'avisât de le leur reprocher.

Le continuateur le plus illustre du maître fut Laü-
noy. Disciple d'Hennequin, dès 1633 il soutenait
dans sa thèse de mineure ordinaire, le fond du
système que son traité devait développer plus tard.
La proposition de sa thèse était ainsi conçue : *qui
absolutam habent condendi leges protestatem,
possunt spectata natura rei, inducere impedimenta
matrimonii.* Il y montrait déjà les qualités qui
devaient le distinguer plus tard. Esprit indépendant,
il refusa de souscrire à la condamnation d'Arnauld, et
fin critique, la recherche de la vérité était pour lui un
besoin, il aimait à détruire les vieilles superstitions et
les légendes dont l'histoire ecclésiastique était rem-
plie ; on l'avait surnommé le dénicheur des saints.

Dans son ouvrage : *Regia in matrimonium Po-*

---

(1) Hennequin s'était trouvé engagé à traiter cette question à
l'occasion du mariage de Gaston d'Orléans avec la Princesse de
Lorraine, fait sans le consentement de Louis XIII, et sur lequel il
avait été consulté par Richelieu son ancien disciple. Le même évé-
nement suscita aussi un ouvrage du cardinal de Marca, archevêque
de Paris.

testas (1) (1674). Launoy soutient que c'est au souverain, et à lui seul, qu'appartient le pouvoir d'établir des empêchements qui rendent le mariage nul. Thèse absolue, comme on le voit. Comment arrive-t-il à la formuler?

Tout d'abord il pose nettement la distinction fondamentale du contrat et du sacrement, et, pour en faire saisir toute l'importance, il la compare à l'écueil contre lequel viendront se briser tous les raisonnements de la partie adverse (2).

Pour Launoy, le mariage est un contrat civil, à ce titre il dépend des souverains. *Matrimonium humanus contractus cum sit, sequitur illud, civilium legum dispositioni et ordinationi subjacere.* Au même titre que la vente, *eadem est ratio contractus matrimonii quæ venditionis aut emptionis*; de même que le prince peut établir des cas de nullité pour la vente, de même il a ce droit pour le mariage, cela n'excède pas ses pouvoirs, *impedimen-*

---

(1) Le titre complet de son ouvrage est le suivant : *Joannis Launoii Constantiensis, Parisiensis theologi, regia in matrimonium potestas vel tractatus de jure sæcularium principum christianorum in faciendis impedimentis matrimonium dirimentibus.* Parisiis, Martin, 1674, un vol. in-4°.

(2) Launoy, op. cit., p. 49. *Qui adversarius hanc receptissimam maximeque necessariam distinctionem recipit, captus est, cum ad eam ut ad scopulum quælibet argumenta contrariæ partis allisa penitus concidant : qui vero rejicit, nullus, cum multo facilius sorbere favillas quam sine illa distinctione explicare.*

*tum matrimonia dirimens, civile est non spiri-
tuale*, car ces empêchements tombent sur le contrat,
non sur le sacrement. *Quia dirimentes matrimonium leges, non afficiunt matrimonium qua sacramentum est, sed qua tantum contractus civilis* (1).

Et à côté de ces raisons purement théoriques, on
invoque aussi des arguments tirés des devoirs qu'im-
pose à l'État son titre de puissance publique, des
intérêts au salut desquels il doit veiller. Il serait
étrange que dans un État policé, le prince ne pût
remédier à tel défaut de la loi ; qu'il lui fût impossible ici de rendre les mariages plus faciles, là de les
interdire. Le souverain a ce droit, et nous devons
nous en féliciter (2).

Quel sera donc le rôle de l'Église ? Il lui appartient simplement d'administrer le mariage comme
sacrement et de donner aux contractants la bénédiction nuptiale.

(1) Launoy, op. cit., p. 50 et suiv.
(2) Launoy, op. cit., p. 50, 2ᵃ ratio. *Usu venire potest ali-
quando ut in magnum alicujus regni commodum cedat, sive
illud sit publica honestas, sive pacis inter fœderatos inita con-
servatio, sive quodlibet aliud bonum reipublicæ procurandum,
vel malum avertendum, quod hæc vel illa conjugia fiant, vel
non fiant. Debuerunt igitur Principes ea gaudere potestate quæ
ad prohibenda dirimendaque conjugia sufficeret..... Nemo vero
asserat in libera perfectaque republica, ejusmodi contingere
posse malum, cui nulla potestas principis ex sese præcurrere
aut mederi queat.*

Quant à l'ouvrage de Launoy, c'est bien plus une compilation qu'une œuvre de raisonnement; les principes disparaissent sous les exemples et les faits qui forment la base principale de sa thèse, avec d'innombrables citations de théologiens qui l'ont précédé, et qu'il prodigue avec excès, quand leur opinion est conforme à la sienne. A la lecture de son livre, il semblerait que la théorie dont il se fait le champion était universellement admise, tant sont nombreuses les références qu'il nous met sous les yeux.

Ceux qui l'ont combattu ont nié toutefois la portée de ces citations, et ont même contesté l'authenticité de ce que Gerbais appelle un « bouclier d'un long catalogue d'auteurs ». « Je souhaiterais, dit-il, en parlant de Launoy, que cet auteur eut été plus fidèle de ses citations », et en fait « il n'y a pas un de ces auteurs qu'il cite bien ou mal pour maintenir le pouvoir des princes sur les empêchements du mariage, qui n'enseigne encore plus nettement et plus précisément que l'Église a un semblable pouvoir sur le mariage des chrétiens : tous ceux qui ont été cités par notre adversaire favorisent la cause de l'Église » (1). Il va même jusqu'à reprocher à Launoy d'avoir été chercher des arguments à l'étranger. Aussi faut-il voir avec quel mépris il parle de « l'autorité des Orchacavia et des Villalobos que l'adver-

_____

(1) Gerbais, *Traité pacifique*, 1690, p. 31 et suiv.

saire fait venir d'Espagne pour la défense des princes ».

Si l'on en croit Gerbais, Launoy aurait donc été le premier à soutenir le pouvoir absolu et sans partage des princes en matière de mariage.

L'intérêt de la question n'est pas là ; que la thèse que défend Launoy fut son œuvre personnelle ou fut celle de canonistes antérieurs, il est certain que son ouvrage, par sa vigueur et sa doctrine bien tranchée, marque une étape dans la marche des idées qu'il défendait, suscita des contradicteurs et des adeptes, en un mot donna le coup d'éperon à cette doctrine d'où est sortie, avec la Révolution, la sécularisation du mariage.

Comment cet ouvrage fut-il accueilli et quel fut son succès ?

A s'en tenir à Gerbais, Launoy serait un hérétique, son audace il la déplore : « il s'est trouvé un auteur de la communion catholique, qui n'a pas cru que l'Église eut droit de statuer sur le mariage... ; n'avait-il pas sujet de craindre et de trembler, ne voyant presque à ses côtés que des hétérodoxes pour le soutenir contre l'effort de toute la catholicité ? (1). » Le nom de celui qui fut son ami, il évite de le prononcer, il ne l'appelle que l'adversaire, pa-

---

(1) Luther avait avancé deux propositions qui ôtaient à l'Église le pouvoir de mettre des empêchements au mariage et d'en donner des dispenses ; la faculté de Paris condamna ces propositions.

raissant ainsi vouloir faire le silence et l'oubli sur
celui dont les opinions étaient à ses yeux si condam-
nables.

L'abbé Boileau, auteur contemporain, nous ap-
prend au contraire, que cet ouvrage fut reçu favorablement par les gens de lettres ; que Launoy per-
sonnellement était fort bien vu des grands, consulté
par les plus illustres magistrats, aimé et honoré de
tous ceux qui avaient quelque réputation de mérite ;
qu'il était mort de la mort des justes dans le sein de
l'Église catholique, et après avoir donné encore
d'autres détails sur sa personne il ajoute : « Il me
semble qu'il n'en faut pas davantage pour exciter
quelques remords dans la conscience de ceux qui se
sont élevés contre lui et qui sévissant avec outrage
contre sa mémoire l'ont voulu faire passer pour un
hérétique au sujet de son ouvrage sur le mariage. »
Du reste, le procureur général Achille de Harlay,
n'avait pas craint d'en recevoir la dédicace.

En dehors de ce succès d'estime l'opinion que défendait Launoy eut l'honneur d'être soutenue devant
le Parlement, dès l'année 1677, par l'avocat général
Talon, dans une affaire célèbre. Jacques Lhuillier
ayant soutenu dans sa thèse, qu'on ne pouvait sans
se rendre coupable d'hérésie. refuser à l'Église le
pouvoir d'opposer des empêchements dirimants (1),

---

(1) La proposition que le Parlement relevait dans cette thèse

des explications furent demandées au syndic de la faculté Chamillard qui avait visé la thèse, et au sieur Lhuillier. A cet occasion l'avocat général Talon fut entendu en ses conclusions ; il combattit la proposition dénoncée, la déclara contraire aux principes de la séparation des puissances ecclésiastique et séculière, du temporel et du spirituel ; affirma que la tolérer c'était donner à l'Église le pouvoir de faire des lois civiles, que jamais on ne lui avait reconnu ce droit ; que le pouvoir que l'Église pouvait actuellement exercer était purement précaire et dépendait de la tolérance royale ; d'un mot, il avait également réfuté la distinction subtile et nouvelle entre le mariage et les effets civils (1).

Le président de Lamoignon qui fut ensuite entendu, sans soutenir une thèse aussi absolue, adoptant

était ainsi conçu : *Non audiendus quisquis hanc potestatem (solvendi impedimenta dirimentia matrimoniorum) ecclesiæ eripit, ut principibus sæcularibus eam adscribat.* Conférences de Paris, t. II, livre 2, conf. 1, § I.

(1) « La distinction subtile qu'ont fait les nouveaux théologiens entre la cause et les effets civils pour dire que les princes ont pouvoir seulement sur les effets civils, est sans aucun fondement, parce que on ne peut séparer l'un d'avec l'autre. La cause du mariage est le contrat civil, ce qui n'est autre chose que le consentement réciproque des parties donné suivant les lois. Le pouvoir qu'ont les princes sur les effets civils, vient tellement du pouvoir qu'ils ont sur la cause qui les produit, que s'ils n'avaient aucune autorité sur la cause qui est le contrat, ils ne la pourraient avoir sur les effets. » Voir Durand de Maillane, *Libertés de l'Église gallicane*, t 4, p. 94.

l'opinion que Gerbais professait alors et devait affirmer publiquement l'année suivante dans son traité
pacifique, pose nettement la distinction du sacrement
et du contrat.

Cet ouvrage fut donc favorablement accueilli par
le public en général, et par les représentants du pouvoir civil, mais comme toute œuvre originale il devait
rencontrer une vive opposition et trouver des contradicteurs : il heurtait par sa nouveauté des convictions anciennes, et solidement établies sur un état de
fait, en vérité trop contraire aux assertions de Launoy.

Aussi la réponse ne se fit-elle point attendre.

Dès 1686, Galesius, évêque de Rubo (Italie) faisait
paraître son *Ecclesiastica in matrimonium potestas* où il prenait le contre-pied de l'opinion soutenue
par Launoy, qu'il déclare contraire à tous les décrets
des conciles œcuméniques. Pour Galesius, le mariage perdit la qualité de contrat civil quand il fut
élevé à la dignité de sacrement (1) ; aussi les princes
n'ont-ils aucun pouvoir sur lui ; il est soustrait à leur
puissance : le pouvoir d'établir des empêchements
dirimants n'appartient qu'à l'Église (2).

---

(1) De même qu'un homme qui se fait clerc sort tout entier de
la juridiction séculière. Voir Gerbais, *Traité pacifique*, page 355.

(2) Launoy répondit à Galésins l'année suivante (1677) par un
écrit qu'il donna comme un catalogue des erreurs sans nombre de
son adversaire. — Il mourut peu après. — Ce qui ne l'empêcha

Ce système, comme celui de Launoy, avait au moins le mérite de la netteté et quoique partant d'un principe faux, ne présentait rien de contradictoire.

Tel ne fut pas celui de Gerbais (1).

Rêvant l'impossible, il voulut concilier Galesius et Launoy en reconnaissant également des droits à l'Église et aux princes, il s'efforcera, dit-il dans sa préface, de tracer un « traité de la paix entre certains défenseurs outrés des deux puissances, qui se sont portés à des extrémités opposées ». Il veut bannir la confusion des esprits et porter l'union et la paix dans les cœurs. Ce double but, il est permis de douter qu'il l'ait atteint.

L'abbé Boileau se borne à dire de Gerbais qu'il « a fait voir clairement dans la première partie de son traité que l'évêque de Rubo avait raison, et dans la deuxième que M. de Launoy n'avait pas tort, de sorte qu'il a trouvé le moyen pour accorder toutes choses

pas d'être attaqué avec beaucoup de véhémence dans des observations anonymes sur son traité qui parurent en 1678 ; il y est représenté comme un auteur insidieux qui s'appuie sur des sophismes et des textes tronqués. On attribue ces observations à Jacques Lhuillier.

(1) Le titre de son ouvrage est le suivant : *Traité du pouvoir de l'Église et des princes sur les empêchements du mariage avec la pratique des empêchements qui subsistent aujourd'hui*, par M. Gerbais, docteur en théologie de la maison et société de Sorbonne et professeur du roi au collège royal de France. — La 2e édition est de 1696, in-4o, Paris. Dezallier ; la 1re édition de 1690 est intitulée : *Traité Pacifique*.

de les laisser dans l'état où elles sont ». Ce jugement résume assez exactement l'œuvre de notre conciliateur; on pourrait peut-être ajouter que loin de bannir la confusion des esprits, il a contribué à l'entretenir.

Son traité est divisé en trois parties (1).

Dans la première où il combat Launoy, il reconnaît avec lui que le mariage étant contrat civil doit être réglé par les princes, et qu'il appartient à ceux-ci de déclarer leurs sujets habiles ou inhabiles au mariage; mais où il refuse de suivre son adversaire, c'est quand Launoy infère de ces principes que le souverain temporel seul a cette prérogative et que l'Église ne peut « sans usurpation ni entreprise » mettre aucun empêchement au mariage des chrétiens. En réalité, dit-il, « il faut être bien prévenu contre l'Église pour raisonner d'une manière aussi peu équitable ». Pour lui, Launoy est tombé, avec toute sa dialectique, dans un « paralogisme grossier et honteux »; le syllogisme au moyen duquel il raisonne est contraire aux règles de la logique, suivant laquelle la conclusion ne doit pas être plus étendue que les prémisses (2).

---

(1) La doctrine que défend Gerbais avait déjà été soutenue par P. de Marca, archevêque de Paris, v. Gerbais, *Traité Pacifique*, 396 et suiv., et par M. Habert, évêque de Vabres, *de consensu hierarchiæ et monarchiæ*, etc.

(2) Gerbais, *Traité Pacifique*, p. 37. « Car enfin voici comme il

Bref, par « l'absurdité du raisonnement », Launoy ravit à la nature, aussi bien qu'à l'Église, le droit qu'elle a de rendre des gens inhabiles au mariage ; « car si le mariage ne doit être réglé que par la loi civile, ceci exclut la loi naturelle et la loi ecclésiastique ; ainsi, il s'ensuivra que selon la nature même, aucune personne, pas même un impuissant, ne pourra être censé inhabile au mariage, ce qui est du dernier ridicule (1). »

En faisant intervenir l'idée de contrat naturel, Gerbais reprenait une distinction déjà mise en avant par saint Thomas d'Aquin. Pour lui, le mariage des chrétiens a bien plutôt pour matière nécessaire et essentielle un contrat de droit naturel, qu'un contrat civil, qui « ne devient la matière du sacrement de mariage qu'autant qu'il suppose et perfectionne le contrat naturel » ; ce dernier, en effet, présente un caractère fixe et immuable, et formera au sacrement une base plus solide que le premier (2).

Que faut-il penser de cette intervention de l'idée de contrat de droit naturel ?

---

raisonne : Il y a quelque chose de civil dans le mariage des chrétiens ; il importe quelquefois à la République de mettre des conditions et empêchements à ce mariage ; donc il n'appartient qu'aux princes et point à l'Église de mettre de semblables empêchements. »

(1) Gerbais, op. cit., 42.
(2) Gerbais, op. cit., 262 et suiv.

Cette distinction est à repousser sans hésitation (1). Sans doute, tout le monde admet l'évolution qui s'est produite de la loi naturelle à la loi civile, mais la question n'est pas là. Ce que nous nions ici, c'est l'existence simultanée de ces deux principes. La loi civile n'est que la loi naturelle des peuples civilisés. Quand elle apparaît, le rôle de la loi naturelle est terminé ; elle perd tout caractère juridique. Le contrat autorisé par la loi, en devenant contrat civil, cesse d'être contrat naturel. Comment dissocier en lui les éléments qui le composent ? Cette analyse est impossible, car le contrat naturel a passé pour ainsi dire dans le moule nouveau du contrat civil. De plus, « reconnaître dans le mariage un contrat naturel, indépendant du droit civil, ce serait reconnaître dans les citoyens une indépendance des lois, par rapport à un de leurs objets les plus importants, qu'on ne saurait admettre sans introduire un monstre dans l'ordre de la société civile » (2).

Ajoutons enfin que l'exemple donné par Gerbais se retourne contre lui ; il trouve ridicule qu'un impuissant puisse contracter mariage. Mais c'est ce qui existe dans notre législation, et sur ce point personne

(1) Voir le Ridant, op. cit., page 102.
(2) V. Lorry, *Essai de dissertation ou recherches sur le mariage en sa qualité de contrat et de sacrement à l'effet de prouver que dans le mariage des fidèles on ne peut séparer le contrat du sacrement*, 1760, page 34.

ne prétend qu'il faille recourir à la loi naturelle pour compléter notre Code civil ; quant à soutenir que le droit naturel présente une base stable et uniforme au sacrement, personne n'oserait le prétendre aujourd'hui, depuis que les recherches des évolutionnistes ont démontré que le droit naturel des peuples varie selon leur degré de civilisation.

Mais il y a mieux ; en admettant même qu'il y ait un droit naturel, en vertu de quel principe l'Église serait-elle investie du droit de le perfectionner ? On ne le voit pas : « S'il est vrai, disait l'avocat général Talon dans l'affaire Lhuillier, qu'il y ait des contrats qui soient purement de droit naturel, le fils de Dieu n'a point attribué aux apôtres ni à leurs successeurs le pouvoir d'en juger la validité à l'exclusion des princes et des magistrats. » D'ailleurs, si l'Église possédait un pareil droit, ne serait-elle pas maîtresse du temporel ?

C'est ce que les civilistes Launoy et Denis Talon avaient fort bien compris. C'est ce que conteste Gerbais. « Quand l'Église rend des personnes inhabiles au mariage, ce n'est pas l'effet d'une puissance civile, mais bien d'une puissance spirituelle, qui a pour objet non pas quelque chose de temporel, mais quelque chose de divin et de surnaturel (1). »

Mais cependant, lui fait-on observer : « De quel-

(1) Gerbais, op. cit., p. 277 et suiv.

que manière que l'Église fasse des lois irritantes touchant le mariage, il s'ensuit toujours qu'elle a un
pouvoir au moins indirect sur le temporel, puisque,
rendant des gens inhabiles au mariage, elle les rend
en même temps incapables des avantages et des effets
civils qui en dépendent. » L'objection était des plus
sérieuses.

La réponse de Gerbais est une révélation de la
confusion profonde qui régnait dans cet esprit, sur ce
que nous appelons le droit public ; ce qui lui man-
que, c'est l'idée nette des principes et les définitions
précises : tout son livre s'en ressent, et si, vers le
milieu de son ouvrage, il distingue de nom le contrat
et le sacrement, c'est pour en confondre immédiate-
ment la notion et le caractère ; par suite, et d'une
manière plus générale, le spirituel et le temporel
sont pour lui des choses vagues et indéterminées :
quand l'Église établit des empêchements dirimants,
dit-il, elle n'empiète pas plus sur le temporel que
quand elle ordonne de chômer certaines fêtes, de
s'abstenir certains jours de certaines viandes, quand
elle défend le prêt à usure (1).

Qu'ajouter à cela ? et quel besoin de réfuter cette
assertion qui se réfute d'elle-même.

Il est vrai que les circonstances atténuantes ne
lui manquaient pas, et que dans l'obscurité de

(1) V. Gerbais, op. cit., page 279.

la situation, il pouvait trouver une excuse. « Les princes mêmes, qui sont les parties intéressées, s'é-crie-t-il, n'ont jamais fait paraître la moindre inquié-tude là-dessus, et ils reconnaissent aujourd'hui unani-mement le pouvoir de l'Église dans la disposition des empêchements dirimants, sans même penser que cela puisse donner la moindre atteinte à la souveraineté qu'ils exercent sur le temporel. » Certes, mais l'œu-vre de la doctrine n'est-elle pas précisément de voir au-delà du présent et de préparer l'avenir ?

Dans la seconde partie de son livre, ce sont les ultramontains que Gerbais prend pour adversaires.

Que les princes aient le droit de réglementer le mariage, cela ne peut faire de doute ; c'est le bon sens qui nous le dit. « On ne peut douter que la rai-son naturelle n'enseigne que les princes peuvent ordonner des conditions du mariage (1) », car, de tous les contrats civils, « il n'y en a point qui soit plus digne de l'application des princes que le maria-ge, comme il n'y en a point qui soit plus important pour la conservation de la République, dont il est comme le séminaire (2). »

Contre ceux qui prétendent que les lois des princes ne concernent que les effets civils, et qu'elles ne s'é-tendent pas jusqu'au contrat et à la substance du ma-

(1) Gerbais, op. cit., p. 293.
(2) Gerbais, op. cit., p. 294.

riage, Gerbais proteste. « Tant qu'il sera vrai de dire
que le mariage est un contrat civil, il sera permis de
soutenir que les princes ont le droit d'en régler les
conditions de même que des autres contrats civils (1). »
Toutefois, ses explications auraient été plus claires,
s'il n'y faisait pas intervenir l'idée de contrat naturel (2).

Mais accorder ainsi au pouvoir civil le droit de
créer des empêchements dirimants, n'est-ce pas, ainsi
que le soutenaient les ultramontains, lui soumettre
ce qu'il y a de sacré dans le mariage, le sacrement
lui-même ? Ceci Gerbais ne l'admet pas non plus.
Bien des auteurs ont vu là une difficulté insurmontable « et ont mieux aimé confesser sans contestation
que le mariage, depuis qu'il a été fait sacrement,
n'est plus de la juridiction des princes, que d'entreprendre de la résoudre ». C'est une erreur. De ce
que les princes conservent le pouvoir d'irriter le
contrat civil, il ne s'ensuit pas que « l'on puisse dire
pour cela que les princes mettent la main à l'encen-
soir, et qu'ils touchent aucunement à ce qu'il y a de
sacré dans le mariage ». Alors, invoquant pour la
première fois les principes fondamentaux dont il
aurait dû faire le point de départ de son ouvrage tout
entier, et qui lui auraient été fort utiles pour établir

(1) Gerbais, op. cit., p. 304.
(2) Gerbais, op. cit., p. 332 et suiv.

logiquement le pouvoir de l'Église, il distingue dans le sacrement du mariage, comme dans tous autres sacrements, la matière et la forme ; en l'absence de l'un de ces deux éléments, il n'y a pas de sacrement ; or la matière « n'est autre chose que le consentement manifesté des deux parties, c'est-à-dire un contrat, ou un traité, par lequel les parties s'engagent réciproquement aux devoirs et aux charges de la société conjugale » contrat naturel, perfectionné par le contrat civil, dépendant du pouvoir séculier. Il suffira donc « de faire obstacle au contrat civil pour empêcher le sacrement, puisqu'un sacrement ne peut subsister dans sa matière », si bien qu'en apposant des conditions irritantes au contrat civil, le prince ne touchera pas plus à ce qu'il y a de plus sacré dans le mariage, qu'un enfant qui troublerait la pureté de l'eau des fonds baptismaux ne toucherait à ce qu'il y a de sacré dans le baptême (1).

Aussi, dans une intention excellente, dans un but d'apaisement, Gerbais relevait tour à tour les deux puissances rivales ; mais ne fallait-il pas de plus montrer qu'elles n'avaient rien d'incompatible ?

---

(1) Gerbais, op. cit., p. 338 à 341.— Gerbais cite encore l'exemple suivant : « Un chirurgien coupe un bras à un prêtre, ne pouvant autrement lui sauver la vie, il est sans doute que ce prêtre estropié devient irrégulier, et ne peut plus être admis à consacrer le corps de Notre-Seigneur. Dira-t-on pour cela que le chirurgien qui lui a coupé le bras, a porté la vertu de son art jusques aux ministères sacrés dont il fait cesser l'exercice ? Il n'y a personne qui ne trouverait cette conséquence ridicule. »

C'est ce que Gerbais tente de faire dans la troisième partie de son ouvrage.

D'où viendrait cette incompatibilité, prétendue par Launoy et Galésius, entre le pouvoir de l'Église et celui des princes ?

N'ont-ils pas un objet différent ? L'objet du pouvoir de l'Église dans le mariage, c'est le sacrement ; l'objet du pouvoir des princes, c'est le contrat civil.

Leurs fins ne sont-elles pas distinctes ? Le pouvoir de l'Église a pour fin la décence du sacrement, le bien spirituel des parties ; le pouvoir des princes a pour fin le repos des familles et la tranquillité publique (1).

Ici Gerbais raisonne comme l'eut fait Launoy : il semble fort bien comprendre la question, et cependant ne l'avons-nous pas vu reconnaître à l'Église le droit de créer des empêchements dirimants ?

Mais lui objecte-t-on, et ceci est capital, « si l'Église et les princes avaient ensemble le pouvoir de mettre des empêchements au mariage, il pourrait arriver, dans l'exercice de ce pouvoir, que l'Église et le prince prendraient en même temps des partis contraires, et que l'Église, par exemple, défendrait une espèce de mariage qui serait autorisé par les princes. Or, en ce cas, les deux puissances se trouveraient divisées sans espoir de conciliation (2). »

(1) Gerbais, op. cit., p. 370.
(2) Gerbais, op. cit., p. 372.

L'objection montre bien le point faible de cette doctrine, qui voulant satisfaire tout le monde, ne put jamais limiter le champ laissé libre à l'influence des deux puissances.

Mais un conflit entre elles était-il possible à cette époque? Non certes, et c'est ce qui fit le succès de cette théorie qui répondait assez aux besoins de l'heure présente. Aussi ne faut-il pas s'étonner de la réponse de Gerbais : « Cet inconvénient que l'on veut faire appréhender est imaginaire : car l'Église, ne se proposant dans les canons qu'elle fait sur le mariage, que le bien spirituel qui résulte des alliances bien ordonnées, et les princes ne se proposant dans leurs lois, que le bien civil et temporel qui résulte des mêmes alliances, on ne doit pas appréhender que ces deux puissances s'entrechoquent dans l'usage de leurs pouvoirs, puisque le bien spirituel et le bien temporel résultent également des alliances légitimes et bien ordonnées, et qu'ils sont si peu opposés qu'ils s'entraident au contraire, et se donnent pour ainsi dire la main l'un à l'autre... » D'ailleurs si même une telle contradiction s'élevait entre l'Église et le prince, le mal ne serait pas sans remède, on pourrait toujours agir par la voie des remontrances, « et il n'en faut pas davantage pour obliger des puissances bien intentionnées de se faire justice l'une à l'autre... Il suffirait même que la puissance qui aurait excédé, s'en aperçut pour faire justice à l'autre. Et n'avons

nous pas vu comment la piété des princes chrétiens
leur a fait abandonner sans peine des constitutions
impériales, pour faire place à des règlements ecclésiastiques qui ne s'accordaient pas tout à fait avec
elles. »

Ainsi accord complet de l'Église et de l'État ; par-
faite courtoisie dans leurs rapports, respectueuse
déférence du prince vis-à-vis de l'Église, telles
étaient les conditions que Gerbais jugeait nécessaires
au fonctionnement de son système, et au parallélisme
de la marche et de l'influence des deux forces qu'il
essayait de contenir et de concilier, sans qu'il y eut
conflit entre elles dans leur développement (1).

De cette théorie nous avons montré la faiblesse.
D'autres, après lui, devaient la réfuter de main de
maître.

***

Launoy, Galésius et Gerbais, ces trois noms mar-
quent une période dans le développement que suivit
la doctrine jusqu'à la Révolution. Les idées fonda-

---

(1) Opinion du président Agier sur Gerbais : « Il est clair que
le sentiment de Gerbais réunit à lui seul tous les inconvénients
des systèmes opposés et qu'il en présente un qui lui est propre :
celui d'établir deux puissances rivales qui peuvent très bien ne pas
s'entendre, arbitres en commun d'un des objets qui intéressent le
plus la société. Mais le besoin d'être en paix avec tout le monde a
probablement fait plus pour Gerbais que l'évidence de ses raisons :
et son système, quoique le plus faible de tous, a néanmoins ob-
tenu plus de suffrages qu'aucun autre... »

mentales étaient jetées, au hasard peut-être et sans grande ordonnance, au milieu des ornementations inutiles, mais parmi ceux qui allaient venir ne se trouverait-il pas un esprit qui saurait en dégager les éléments solides et les mettre en valeur pour édifier une théorie définitive, puisant sa force en la seule raison ?

S'il y eut après eux et même de leur temps des auteurs secondaires, sur lesquels il semble inutile d'insister, et qui s'inspirèrent de Gerbais, tel Boileau, le frère du poète, que nous avons eu l'occasion de citer (1), tel Héricourt, l'auteur des Lois Ecclésiastiques, il en est un dont le nom marque une phase nouvelle dans la marche des idées.

Le Ridant est un de ceux que l'on ne saurait passer sous silence. Au lieu de se renfermer dans la théorie de Gerbais, qui avait unanimement prévalu et autour de laquelle l'accord s'était fait entre civilistes et ultramontains, il fera œuvre personnelle.

Quand on lit son ouvrage (2) d'une rare précision, on est frappé du chemin que les idées ont parcouru

(1) V. aussi *Conférences de Paris.*— Le P. Drouven, *Traité des sacrements.*

(2) Le Ridant, *Examen de deux questions importantes sur le mariage, concernant la Puissance civile.* Peut-elle déclarer les mariages nuls sans entreprendre sur les droits de la Puissance ecclésiastique ? Quelle est en conséquence l'étendue du pouvoir des souverains sur les empêchements dirimants le mariage ? 1753, 1 vol. in-4.

dans les cinquante années qui le séparent de Launoy et de ses contemporains ; les méthodes aussi se sont modifiées. En même temps qu'il voulait faire clair, il a voulu faire court, et il y a réussi. Se débarrassant du fatras dont ses devanciers s'étaient encombré, dédaigneux de montrer une érudition trop facile, il a dégagé la question de tout ce qui est accessoire et secondaire, et, en bon logicien pratique et avisé, il a tenu par dessus tout à faire aboutir les longues discussions d'autrefois, à une solution qui puisse facilement se formuler en principe.

Revenir à un langage précis et correct, mettre en lumière des principes que ses prédécesseurs avaient laissés dans l'ombre, telle est la méthode qu'il emploiera, et qu'il nous expose dans sa préface très substantielle.

Et d'abord, il n'est pas vrai, comme on le dit communément, que Jésus-Christ ait élevé le mariage à la dignité de sacrement. Cette expression est inexacte, et la source de presque toutes les erreurs de nos théologiens sur le mariage. Jésus-Christ n'a pas métamorphosé le mariage, il n'en a pas changé la nature ; il a seulement établi dans son Église un sacrement pour le sanctifier, et pour répandre des grâces sur ceux qui se marient.

On prétend que la puissance séculière entreprend sur la puissance ecclésiastique en annulant le mariage ; l'erreur vient de ce que l'on confond mal à propos le mariage avec le sacrement de mariage ; en distinguant bien ces deux choses, toutes les difficultés s'évanouissent. La puissance séculière conserve ses droits et la puissance ecclésiastique les siens ; la première n'empiète pas sur la seconde ; au contraire, tant qu'on ne partira pas de cette maxime fondamentale, on se trouvera toujours accablé par des difficultés insurmontables. Cette distinction éclaircit tout.

Mais il ne suffisait pas de reconnaître à l'Église et à l'État des droits sur le mariage ; il fallait en préciser la nature et la portée.

C'est ce en quoi Le Ridant réussit à merveille.

Dès sa préface, il établit qu'il n'y a qu'une sorte d'empêchements dirimants ; tous appartiennent au pouvoir civil, car ils tombent tous sur le contrat ; il n'en est aucun qui tombe sur le sacrement même. En effet, si aujourd'hui nous pouvons facilement concevoir ces derniers, alors que le sacrement et le contrat civil sont entièrement distincts, au XVIIIe siècle, cela était impossible : un empêchement purement dirimant au sacrement ne pouvait se concevoir ; du même coup, il eut empêché la formation du contrat civil : or, le sacrement en lui-même, n'autorisait pas la puissance ecclésiastique à apposer des empêchements, dont la conséquence eût été de déclarer le mariage nul dans l'ordre civil et politique (1).

_____

(1) Le Ridant, op. cit., p. 283. « Donner à l'Église à cause du sa-

Serrant de plus près ses adversaires, Le Ridant
leur jette sous les yeux l'impossibilité devant laquelle ils se trouvent « de faire le partage qu'une
pareille distinction entraîne nécessairement après
elle ; ils ne peuvent pas nous articuler les empêchements qui regardent ce qu'ils appellent le contrat civil, et ceux qui regardent, selon eux, le sacrement. Il y a aujourd'hui en France, quatorze
empêchements dirimants le mariage, qu'ils séparent dans le nombre ceux que la puissance civile
a le droit exclusif d'apposer à cause du contrat, de
ceux qui appartiennent à la puissance ecclésiastique
à cause du sacrement. »

C'était là une mise en demeure, à laquelle Gerbais
s'il avait vécu, aurait été fort embarrassé de répondre (1), il en convenait d'ailleurs lui-même.

crement le droit d'apposer quelqu'empêchement dirimant que ce
soit, serait lui accorder le droit de rendre les sujets d'un prince
catholique habiles ou inhabiles à contracter. Ce serait étendre la juridiction jusque dans l'ordre civil et politique. Ce serait, comme
dit M. Talon, reconnaître qu'elle a droit de faire des lois civiles,
des lois qui irritent des contrats. Ce qui est une entreprise manifeste de l'autorité temporelle. »

(1) Gerbais, *opera citat.*, p. 394. Voici comment il s'exprime
sur la question de savoir comment les princes rentreront dans
l'exercice de leur pouvoir à l'égard des empêchements dirimants :
« Il s'agirait de reprendre des errements anciens et presque ou-
bliés sur la police des mariages, il s'agirait de marquer précisément parmi ces empêchements ceux qui seraient du ressort des
princes, et ceux qui seraient du ressort de l'Église, afin que l'on
s'adressât pour les dispenses des uns, aux princes, et à l'Église pour

Et la preuve que cette division est impossible à
tracer se trouve dans le langage que tient l'Église en
matière d'empêchements, « quand elle veut faire
des lois irritantes sur le mariage, se souvient-elle
des empêchements qui regardent le sacrement, et de
ceux qu'elle n'a pas le droit d'apposer de son propre
aveu, parce qu'ils tombent sur le contrat civil? Point
du tout, elle prononce sur le contrat et ne dit pas un
mot du sacrement. Ecoutons le Concile de Trente :
Eos ad sic contrahendum omnino inhabiles reddi-
mus, hujusmodi contractus irritos et nullos esse
decernimus. Pourquoi l'Église prononce-t-elle de
cette manière, pourquoi ce langage qui ne convient
qu'aux princes ? parce qu'il n'y en a pas d'autre sur
cette matière, et qu'on ne peut apposer un seul empêchement dirimant, qu'en déclarant le contrat nul
dans l'ordre civil et politique, et les personnes civile-
ment inhabiles à contracter. Preuve certaine que la
distinction des deux prétendues classes d'empêchements dirimants est chimérique (1). »

Quel sera donc le droit de l'Église en cette matière ?

les dispenses des autres ; ou, si un empêchement était du ressort
de l'une et l'autre puissance il faudrait convenir à laquelle des
deux on s'adresserait ou si on s'adresserait, à l'une et à l'autre ; et
alors il s'agirait encore de faire aller les deux puissances de con-
cert l'une avec l'autre, chacune dans l'exercice et dans les bornes
de son pouvoir. Et enfin un tel changement ne pourrait arriver
sans quelque trouble et sans quelqu'embarras. »

(1) Le Ridant, op. cit., préface XIX.

« L'Église a le droit de bénir le mariage, de le sanctifier par un sacrement que Jésus-Christ a établi à cet effet dans son Église. Mais elle n'a pas droit pour cela d'apposer des empêchements dirimants au mariage même. »

« Les droits que l'Église a reçu de Jésus-Christ, sont concentrés en ce qui concerne le sacrement. C'est à elle à en maintenir la grandeur et la sainteté, à empêcher qu'il ne soit profané par des alliances criminelles, incestueuses et défendues par les lois divines (1) et par celle des souverains. C'est à elle à examiner si les personnes qui se présentent pour recevoir le sacrement, y apportent les dispositions de cœur nécessaires pour attirer sur eux les grâces qui y sont attachées. Les ministres du sanctuaire peuvent et doivent même refuser de le conférer, jusqu'à ce qu'ils puissent juger avec fondement, que ceux qui sont dans l'intention de le recevoir, ont acquis les saintes dispositions exigées par les conciles et par les doctrines de l'Église (2)... Les ministres de

---

(1) Les civilistes, même les plus absolus comme Le Ridant, s'inclinèrent toujours devant les lois divines. Voir Le Ridant, op. cit., p. 335 : « Quant à ce qui regarde les empêchements que Dieu a établis soit dans l'ancien, soit dans le nouveau testament, l'Église et les princes doivent également les respecter. » V. aussi Lorry, *Recherches sur le mariage*, p. 194. — Restriction sensible au pouvoir des princes, mais qui du moins précise le caractère de la doctrine gallicane.

(2) Comp. Cardinal de la Luzerne, *Instruction sur le rituel de*

l'Église peuvent donc mettre en pénitence ceux qui auront mené une vie scandaleuse, et leur refuser le sacrement, jusqu'à ce qu'ils aient réparé par une conduite édifiante, le scandale qu'ils ont donné à leurs frères. Ils ont pareillement droit de refuser ce sacrement à ceux qui font une profession publiquement reprouvée par l'Église comme celle des comédiens... Mais le droit de faire de pareils refus n'est pas le droit de faire des empêchements dirimants. Car s'ils ont une fois donné la bénédiction nuptiale à ces sortes de personnes qu'ils regardent comme excommuniées, et si le mariage a d'ailleurs été célébré d'une manière conforme aux lois extérieures qui sont en vigueur dans les États catholiques, ils ne peuvent pas les déclarer nuls (1). »

Ainsi délimité, le pouvoir de l'Église rentrait dans ses bornes naturelles. Est-ce à dire toutefois que des difficultés ne pouvaient pas naître ?

Et d'abord les curés pouvaient-ils impunément et sans motif sérieux refuser la bénédiction nuptiale ? Évidemment non. Dans ce cas « ils font un abus visible de leur ministère, ils le convertissent en vexa-

---

Langres, p. 581. « Il est certain que le pouvoir de l'Église qui est purement spirituel ne s'étend pas sur la validité du contrat civil qui est une chose purement temporelle. Elle peut bien défendre de passer un contrat quelconque et par là le rendre illicite, mais il n'est pas en son pouvoir de le rendre invalide. » — V. aussi Lorry, *Recherches sur le mariage*, p. 194.

(1) Le Ridant, op. cit., p. 284.

tion et en tyrannie. » Car « les princes catholiques qui sont protecteurs des saints canons, ont droit d'en maintenir l'exécution extérieure dans leurs États ».

Mais si le motif invoqué par le prêtre n'était pas contestable au point de vue de la discipline ecclésiastique, si par exemple c'était un comédien qui voulait se marier, l'Église maîtresse et dispensatrice du mariage, formait un obstacle insurmontable à ce qu'aucune union légitime fût possible, pour celui que ses conciles avaient excommunié. La situation de ces catholiques qui ne pouvaient se marier était donc intolérable. Comme nous le verrons plus tard, ce fut un cas de ce genre qui fit poser devant la Constituante, la question de la sécularisation du mariage ; mais dans l'état de confusion de la législation, le pouvoir civil ne pouvait intervenir ; le principe de la séparation des puissances spirituelle et temporelle, exigeait que le clergé conservât le libre usage de ses droits, et l'indépendance de son autorité. Durand de Maillane ne devait pas tenir un autre langage : « sans doute l'Assemblée nationale fera des lois, mais jusque-là, elle doit laisser la cause du sieur Talma aux termes des lois ecclésiastiques (1). »

En résumé, au moyen de la célébration, l'Église était maîtresse absolue. C'était certainement une lacune grave, et Le Ridant qui écrivait son ouvrage

(1) Durand de Maillane, Rapport sur l'affaire du sieur Talma.

à l'époque où l'opinion commençait à s'émouvoir sur
le sort fait aux protestants, après avoir élevé la voix
en faveur de ces derniers et avoir réclamé pour eux
un état civil, et un mode spécial de célébration pour
leurs mariages, ajoutait sous l'influence de ces idées
nouvelles de tolérance : « Oserais-je étendre cette
réflexion jusqu'à certains catholiques, dont on ne
peut pour des raisons particulières différer le mariage et qui en égard à leurs dispositions actuelles
ne peuvent que profaner le sacrement ? On sait que
ce cas se présente plus d'une fois à décider, et
qu'il embarrasse extrêmement les casuistes et les
directeurs de conscience (1). »

Comme on peut le voir, Le Ridant avait poussé
fort loin les conséquences des principes qu'il défendait. Ce n'était pas encore là le mariage civil uniforme pour tous, simple dans son unité, c'était du
moins le respect de toutes les opinions, la tolérance.

* *
*

Mais était-il nécessaire, ainsi que l'avait cru Le
Ridant, d'établir comme fondamentale la distinction
du contrat et du sacrement; ne pouvait-on s'en
passer pour reconnaître aux princes le droit de prononcer la nullité du mariage ?

C'est ce que crût pouvoir faire un savant professeur

(1) Le Ridant, op. cit., p. 587.

de l'Université de droit de Paris, Lorry, qui tout en restant civiviliste, voulut unir le contrat et le sacrement avec autant de force que Le Ridant en employait pour les séparer.

Suivant Lorry, le mariage est un acte indivisible, c'est le contrat même qui a été élevé à la dignité de sacrement par Jésus-Christ; mais de là il ne suit pas que le sacrement ait absorbé le mariage tout entier, que la notion de contrat disparaisse, et que le pouvoir des princes soit réduit à néant; bien au contraire, le contrat reste la partie principale et substantielle; le sacrement n'est que la partie additionnelle; la dignité de sacrement qui a été jointe au contrat n'a rien changé; c'est le consentement qui fait le contrat et le sacrement; or, le contrat a toujours été de sa nature soumis aux lois des Princes; donc, si les lois s'opposent au consentement, le consentement ne produira ni le contrat ni le sacrement. Les conclusions auxquelles il aboutit sont à peu près analogues à celles de Le Ridant. Les princes ont le droit d'établir des empêchemeuts dirimants; le pouvoir de l'Église sur le mariage est un pouvoir spirituel et intérieur (1).

(1) Il est hors de doute que l'Église a le pouvoir de déclarer les empêchements établis par le droit divin : elle peut, elle doit même annoncer qu'il est permis ou défendu dans tel ou tel cas de contracter le mariage; elle peut et doit élever la voix contre l'union qu'on pourrait contracter au mépris des lois naturelles ou diverses; il est de son devoir de proscrire une telle union, de déclarer à ceux qui l'ont contractée qu'ils ont commis un grand péché, de les

Mais en vérité la confusion du contrat et du sacrement était-elle réelle puisqu'ils étaient reconnaissables, et que le contrat était l'élément dominant ? D'ailleurs cette théorie était sans utilité, puisque en dogme la question de la distinction du contrat et du sacrement était encore controversée, et que le Souverain Pontife n'avait pas prononcé souverainement : aussi resta-t-elle personnelle à Lorry (1).

L'un des derniers, dans l'ordre chronologique, parmi les civilistes, fut Pothier. Contrairement à ce que l'on pourrait croire, il ne devait guère ajouter à

---

soumettre à la séparation de la pénitence, de leur faire voir qu'ils sont obligés de se séparer, de leur prescrire de le faire ; et s'ils ne le font, elle doit leur prononcer qu'ils se sont séparés eux-mêmes de la charité de Jésus-Christ et qu'elle va les retrancher de son corps, et elle doit le faire en effet. Tel est non seulement le pouvoir mais même le devoir de l'Église... Lorry, *Recherches sur le mariage* (1760), p. 194.

(1) « Les auteurs du journal des savants (mai 1761, p. 771) en rendant compte de l'ouvrage de Lorry ont proposé quelques observations sur ses recherches. Ils remarquent d'abord que M. Lorry, qui se montre zélé partisan de l'autorité séculière, a tort de vouloir joindre son système sur la puissance des princes à l'opinion scholastique qu'il embrasse sur la nature du mariage. Sa doctrine sur le pouvoir des princes est certaine, disent les journalistes, et reconnue par une foule de jurisconsultes, de canonistes et de théologiens ; au lieu que son opinion sur la nature du sacrement de mariage est très douteuse, peu intéressante, adoptée ou combattue sans conséquence dans les écoles. La vérité de cette opinion est inutile d'ailleurs pour soutenir la doctrine sur le pouvoir des princes, elle est plutôt dangereuse pour l'autorité des souverains. » Code patrimonial, p. 923.

ce qu'était avant lui la doctrine ; il rappelle briève-
ment les principes, cite quelques auteurs, précise les
droits de la puissance séculière, mais laisse dans le
vague les pouvoirs de l'Église, à laquelle il accorde
le droit d'établir des empêchements dirimants sur le
sacrement (1) ; il ne s'explique pas clairement, d'ailleurs, sur la portée et les effets de ces empêchements
qui ne peuvent « donner aucune atteinte au contrat
civil ».

Telle fut la doctrine recueillie par Pothier, héritage
lointain de Gerbais et de Pierre Sotto. Elle sut concilier dans une ombre discrète l'Église et l'État. A
raison même de sa demi-obscurité, cette doctrine
vague, aux imprécisions voulues, au caractère tran-
sactionnel, devait plaire à tous. L'amour-propre du
roi était satisfait, et l'Église conservait son pouvoir.
On vit même des théologiens qui repoussaient la
distinction fondamentale du contrat et du sacrement
accepter volontiers les conséquences de cette doctrine (2). Bref, malgré les défauts et les imperfec-
fections de cette construction juridique, qu'un juriste
consommé comme Le Ridant avait si puissamment
mis en relief, elle eut le rare bonheur de devenir
officielle. C'était la tranquillité dans l'incertitude,
l'accord parfait dans l'indivision, le rêve de la paix

(1) Pothier, *Traité du contrat de mariage*, n° 20.
(2) Père L'Enfant, *Dissertation sur la Tolérance des Protestants*, V. page 98.

dans le sommeil ; mais quel réveil, si le pouvoir civil sortait un jour de son inertie, ou même simplement si l'Église créait un empêchement nouveau ?

*
* *

Nous avons jusqu'à présent laissé de côté dans cette étude, deux difficultés que la doctrine rencontra, et qui venaient, l'une du préambule du décret de *reformatione*, l'autre du canon 4 de la session 24ᵉ du Concile de Trente.

Le canon 4 s'exprime ainsi : *Si quis dixerit ecclesiam non potuisse constituere impedimenta matrimonii dirimentia, vel in iis constituendis errasse, anathema sit* (1). Anathème était donc prononcée

_____

(1) Le Concile se reconnaissait-il un droit absolu et sans partage à établir des empêchements dirimants ? Voici ce que dit à ce sujet l'auteur des *Conférences de Paris*. 2ᵉ v., p. 33 : « Tous ceux qui ont lu avec attention l'histoire du Concile de Trente savent qu'on avait voulu aller plus loin et qu'on avait eu d'abord l'intention de décider qu'il n'appartenait qu'à l'Église d'établir des empêchements dirimants ; on avait même proposé de comprendre les princes dans le chapitre 9 de la Réformation, sess. 24, par lequel ce Concile défendait à toute personne, de quelque rang et dignité qu'elle soit, d'empêcher directement ou indirectement les personnes qui leur sont soumises de contracter mariage. Mais toutes ces propositions furent rejetées comme capables de soulever tous les souverains contre l'autorité du Concile ; on se contenta de décider que l'Église avait le pouvoir d'établir des empêchements dirimants, sans lui attribuer aucun droit exclusif à cet égard, et l'on retrancha du chapitre 9 de la Réformation la clause par laquelle l'on y avait d'abord compris les rois et les princes. »

contre ceux qui prétendaient que l'Église n'a pas le
droit d'établir des empêchements dirimants.

Selon la doctrine qu'ils défendaient, les auteurs
trouvèrent des explications plus ou moins radicales,
manquant parfois de vraisemblance, mais presque
toujours ingénieuses.

Launoy n'a pas été convaincu du pouvoir de
l'Église par ce canon 4 : il lui trouve deux réponses.
Il s'agit seulement ici d'un point de discipline et non
pas d'un dogme, donc l'anathème ne peut frapper
que les nations qui ont reçu la discipline et la réforme du Concile. L'avocat général Talon tenait un
langage un peu différent, mais plus absolu. « Ce
Concile n'a pas été reçu en France et il est inutile
de distinguer entre les choses qui concernent la police et celles qui regardent les dogmes. » Ce sera
l'argument cher aux civilistes.

Launoy en trouve un second. Le mot Église s'entend non pas du sacerdoce, mais des souverains et
princes temporels en tant qu'ils font partie de
l'Église universelle. Rien de plus contraire à l'esprit
du Concile ; mais ce qui surprendra peut-être davantage, c'est que Launoy ait pu réunir quinze raisons
tendant à prouver que le mot Église employé dans
le canon 4, ne peut être appliqué à l'ordre sacerdotal ;
il est vrai, au dire de Gerbais, que « les arguments
de l'adversaire ne sont presque tous que des galima-
tias très obscurs ».

Pour l'auteur du *Traité pacifique*, le canon 4 fut un argument de plus à l'appui de sa thèse, le pouvoir de l'Église ne portant que sur le sacrement ; Pothier, après Héricourt, devait être de cet avis : il n'aura « garde de s'élever contre ce décret, en faisant toutefois observer que les empêchements de l'Église ne peuvent concerner que le sacrement et ne peuvent donner atteinte au contrat civil » (1). Pratiquement, nous l'avons vu, cette solution n'avait pas de sens.

Le Ridant place la question sur le terrain du droit public ; plus de dissertations ingénieuses et subtiles : le Concile n'a pas été reçu en France, mais qu'importe ; l'eut-il été, ce ne serait qu'avec les réserves des droits du souverain ; or, « la décision de ce canon est une entreprise sur les droits de la puissance temporelle » (2). Ces droits imprescriptibles, l'Église même assemblée en concile œcuménique, ne peut y préjudicier.

Telle est la ferme réponse de Le Ridant ; il pose la question et la tranche selon les vrais principes (3).

(1) Pothier, op. cit., n° 19.
(2) Le Ridant, op. cit., p. 435.
(3) En 1712, le Chancelier de Pontchartrain, dans une lettre au 1er Président du Parlement de Besançon, s'exprimait dans les mêmes termes : « Il est facile de répondre à ceux qui voudraient abuser de l'autorité du Concile en cette matière, que le Concile n'a été reçu dans le comté de Bourgogne qu'avec modification et à la

Restait un autre obstacle au libre développement de la doctrine, c'était l'anathème lancé dans le préambule du *decretum de reformatione*, contre ceux qui prétendent que les mariages des mineurs contractés sans le consentement de leurs parents sont nuls (1).

Voici comment Gerbais pose la question :

« On a demandé si le Concile avait prétendu établir un dogme ou un point de discipline. Et en cas qu'il ait prétendu établir un point de discipline, on demande s'il a eu seulement dessein d'assurer le mariage des enfants de famille dans le passé, et de laisser les choses en l'état où elles étaient alors, suivant l'usage qui avait prévalu depuis quelques siècles, ou bien, si en approuvant cet usage, il en a même voulu faire une règle qui servit pour l'avenir, et à laquelle on fut obligé de se conformer dans la pratique, sous peine d'anathème (2). »

charge qu'il ne serait suivi qu'en ce qu'il ne se trouverait pas contraire aux droits du roi... »

(1) Voici le passage en question : *Tametsi dubitandum non est, clandestina matrimonia, libero contrahentium consensu facta, rata et vera esse matrimonia, quamdiu ecclesia ea irrita non fecit ; et proinde jure dammandi sint illi, ut eos sancta synodus anathemate damnat, qui ea vera ac rata esse negant, quique falso affirmant matrimonia a filiis familias sine consensu parentum contracta, irrita esse, et parentes ea rata vel irrita facere posse ; nihilominus sancta ecclesia ex justissimis causis illa semper detestata est atque prohibuit.*

(2) Gerbais, op. cit., p. 486.

Suivant un certain nombre d'auteurs, l'anathème
du Concile touchait un point de dogme ; il entendait
condamner « le sentiment de quelques protestants
qui prétendaient que par le droit naturel, les parents
avaient par eux-mêmes le pouvoir de valider ou
d'annuler les mariages de leurs enfants, contractés
sans leur consentement, sans qu'il fut besoin pour
cela qu'il y eut une loi positive qui les déclarât
nuls ». Telle fut l'œuvre du Concile sur ce point,
mais il « n'a pas décidé, ni put décider, que dans le
cas d'une loi civile qui exigerait dans les mariages
des enfants de famille le consentement de leurs
parents, à peine de nullité, leurs mariages contractés
sans le consentement de leurs parents, ne laisse-
raient pas d'être valables » (1).

Cette opinion avait déjà été défendue par Launoy (2). Le Merre, avocat au Parlement, dans sa
« Justification des usages de France sur le mariage

(1) Pothier, op. cit., nº 321.

(2) Launoy, op. cit., p. 303. *Ceterum cum synodus anathema
decernit in eos qui penes parentes esse, ut filiorum matrimonia
sine illorum consensu facta, rata vel irrita facere afferebant,
rectissime decernit; atque illud ipsum oratores Galli petierunt.
Cujus rei ratio est evidens; parentes condere non possunt legem
qua filiorum matrimonia sine suo consensu facta, solvantur,
cum legis condendæ potestate carcant. Sed condendæ legis materiam paternum obsequium et reverentiam suppeditant principibus, qui legem ea de re fine sine dubio possunt. Princeps
ipse non qua pater, sed qua princeps est, fert legem, qua, contracta a filiis suis sine suo consensu matrimonia rescindantur.*

des enfants de famille... » lui donna sa forme définitive. Reprise par l'abbé Boileau, puis par Le Ridant (1), qui, après hésitation, déclare « qu'il faudrait se faire une espèce de violence, pour se per-
suader que ces expressions qui paraissent choisies
avec réflexion, ne regardent pas les luthériens et les
calvinistes » et après lui, par Pothier, elle a su rallier
les plus grands noms de la doctrine.

Gerbais, tout en convenant que cette opinion a
quelque fondement, ne l'admet pas, parce que dans
la discussion du Concile, il ne voit pas que la question ait été agitée à ce point de vue ; de plus, il lui
semble « que ce n'était pas le lieu de décider un
point de doctrine où il s'agissait de réformation...
vu que le Concile avait toujours suivi une autre méthode pour l'établissement des dogmes, en les renfermant dans les canons ».

Pour Gerbais, en effet, l'anathème du Concile touche simplement à sa discipline, et tombe sur ceux qui
assuraient que les mariages des enfants de famille,
contractés sans le consentement de leurs parents,
étaient nuls, de même que sans aucun doute il tombe
sur ceux qui niaient que les mariages clandestins
jusque-là tolérés par l'Église fussent valides (2).

---

(1) Le Ridant, op. cit., 302.
(2) Gerbais, op. cit., 486. « Et en effet le Concile unit les uns et
les autres sous le même anathème et pour un fait semblable. *Et
nroinde jure dammandi sint illi ut eos sancta synodus ana-*

« Après avoir condamné également les uns et les autres sur des faits qui concernent le passé, le Concile établit une règle qui annulle les mariages clandestins pour l'avenir, et quant au mariage des enfants de famille, il n'en dit plus mot, laissant les choses au même état, où elles étaient auparavant. »

« Cette manière d'interpréter le Concile, ajoute Gerbais, paraîtra la plus naturelle, si on prend la peine de bien examiner les paroles et le contexte du décret, et si on fait réflexion sur tout ce qui s'était passé au Concile, avant qu'il fut mis dans la forme où il est resté. »

Ce sont en effet les différents remaniements dont la rédaction primitive fut l'objet, qui vont servir à éclairer l'ambiguïté de notre texte.

Le 1er projet (1) contenait deux dispositions :

Un canon, déclarant valables les mariages clandestins actuellement consentis, il ajoutait qu'il n'était pas au pouvoir des parents de les confirmer ou de les annuler. « Cette disposition de M. Esmein (2) se rapportait au passé. Elle avait pour but de condamner certaines thèses soutenues par les protestants et d'a-

---

themate damnat qui ea vera ac recta esse negant (voilà qui s'entend des mariages clandestins) *quique falso affirmant matrimonia a filiis familias sine consensu parentum contracta, irrita esse, et parentes ea rata vel irrita facere posse* (voilà pour les mariages des enfants de famille). »

(1) Theiner, *acta* II, 313 et 314.

(2) Esmein, *le Mariage en droit canonique*, II, 155.

près lesquelles ces mariages devaient être, en vertu des principes généraux, considérés comme nuls, » statuant sur un point de dogme, la place de cette disposition dans un canon était parfaitement justifiée.

En second lieu, un décret annulait les mariages clandestins et les mariages des mineurs.

Dans la seconde forme (1), le canon avait disparu, il était fondu dans le préambule du décret ; plus d'anathème, simplement *damnatio*, mais tombant également sur ceux qui contesteraient la validité du mariage des mineurs fait sans le consentement de leurs parents. Cette disposition ne concernait d'ailleurs que le passé, la suite du décret continuant d'annuler les mariages des mineurs.

Le projet fut remanié une 3ᵉ fois (2).

Les mariages des mineurs faits sans le consentement de leurs parents, étaient encore frappés de nullité, de même que les mariages clandestins ; quant au préambule du décret analogue à celui du second projet, mais devenu plus vigoureux, il frappait d'anathème ceux qui contesteraient la validité des mariages clandestins et des mariages des mineurs — dans le passé — cela est à peine utile à dire.

Dans la 4ᵉ rédaction (3), qui fut le texte officiel et définitif, le mariage des mineurs fut passé sous

(1) Theiner, acta II, 335.
(2) Theiner, acta II, 388 et suiv.
(3) Theiner, acta II, 425.

silence ; de la troisième rédaction cependant, subsistait le préambule dans son intégralité. Or, à moins de prétendre que les mots aient changé de sens entre les deux rédactions qui se reproduisaient textuellement, comment soutenir que l'anathème porte sur l'avenir ? Ceci nous paraît incontestable.

S'il nous fallait maintenant décider qui de Gerbais ou de Le Merre avait raison, nous croyons pouvoir dire qu'ils n'avaient tort ni l'un ni l'autre.

Le préambule avait pour but de consolider des situations acquises, d'affirmer le principe de la non rétroactivité et en même temps de combattre l'erreur des protestants. « Mais enfin, que le Concile ait déterminé un dogme contre les protestants, ou qu'il ait seulement eu en vue la discipline en laissant la police des mariages des enfants de famille en l'état où ils étaient alors, cela est indifférent pour la France, et cela nous doit également tirer de toutes les disputes et de tout embarras au sujet du Concile. Supposé même que le Concile, contre toute apparence, ait eu dessein d'établir une loi pour l'avenir et de faire subsister les mariages des enfants de famille qui se feraient sans le consentement des parents, il faudrait, pour qu'elle nous obligeât en France, qu'elle y eut été acceptée (1). »

(1) Gerbais, op. cit., 487.

Ainsi, la doctrine discuta longuement ces deux objections avant de les résoudre ; le poids des arguments tirés du Concile de Trente était encore considérable, et nos civilistes chez lesquels la fidélité au roi n'excluait pas la sincérité des convictions religieuses, auraient failli à leur ligne de conduite faite tout entière de respect pour l'Église, leur adversaire, et d'esprit de conciliation, s'ils avaient passé outre ; en la forme, donc, ils étaient tenus à quelque ménagement ; mais les principes gallicans qui leur servaient de guides, formaient un obstacle insurmontable à ce que de pareils arguments pussent jamais prévaloir.

*
* *

Les ordonnances, nous l'avons vu, ternes revendications du pouvoir civil, n'avaient pas usé du droit d'établir des empêchements dirimants que la doctrine commençait déjà à lui reconnaître. La royauté n'avait pas, entre autres réformes, prononcé la nullité du mariage des mineurs. La doctrine, sans se laisser entraîner par les principes qu'elle défendait, fut obligé de s'incliner devant la matérialité des faits ; l'opinion dominante fut que les mariages des mineurs étaient valables. Ce sentiment fut celui de la majorité des civilistes, notamment de Gerbais, de l'auteur des *Conférences de Paris*, d'Héricourt et de Le Ridant. Telle fut aussi la solution de la jurisprudence, qui n'arriva à la nullité que par le détour du rapt de séduction (1).

Cette solution, qu'adoptait Le Ridant, ne le satisfaisait pas cependant, il avouait « qu'il serait plus simple de rétablir les lois qui ont été si souvent en vigueur, et de déclarer nuls les mariages des mineurs contractés sans le consentement de leurs parents, par le seul défaut de ce même consentement » (2). De son côté, le gallican Camus se demande avec une certaine inquiétude, si cette théorie du rapt de séduction, ne vient pas de ce que l'on a craint d'avouer, que les princes séculiers ont le pouvoir d'établir un empêchement dirimant, et si pour sauver les droits que l'on croyait appartenir à l'Église, on n'a pas donné aux arrêts un motif qui dispensait de reconnaître le pouvoir des princes ? Enfin d'Aguesseau, selon lequel l'esprit des ordonnances avait été de déclarer nuls de tels mariages, regrette que les princes n'aient pas usé ouvertement de leurs droits ; il estime que si l'ordonnance de 1639 ne s'est pas expliquée plus clairement, « on doit attribuer cette obscurité au respect que nos rois ont toujours eu pour l'Église, à la crainte qu'ils ont eu de paraître entreprendre sur ses droits ; sentiments dignes de leur piété et de leur religion, mais qui n'empê-

---

(1) V. Pothier, op. cit., n° 326.
(2) Le Ridant, op. cit., page 309.

chaient pas autrefois les Constantins et les Valen-
tiniens, de prononcer la peine de nullité contre tous
les mariages qui étaient contraires aux lois civiles. »

Devant ces sollicitations discrètes, la Royauté ne
sortit pas de son silence : le droit était pour elle,
mais pratiquement un obstacle était là insurmontable : c'était la situation de fait, dans laquelle se
trouvait l'Église depuis plusieurs siècles, d'exercer
le droit d'apposer des empêchements dirimants au
mariage ; situation précaire peut-être en théorie,
mais en réalité plus solide que les droits les mieux
établis. Contre elle, officiellement, rien n'était possible, la doctrine et la jurisprudence seules pouvaient miner silencieusement ce que le Pouvoir temporel n'osait attaquer de front.

Du reste, cette impuissance de la royauté, l'inop-
portunité de toute réforme un peu considérable, tout
le monde le sentait. Les princes, dit Gerbais (1),
« ne pourraient peut-être sans des inconvénients
assez difficiles à surmonter rentrer dans l'exercice
de tout leur pouvoir à l'égard de ces empêchements.
Cela ne se pourrait exécuter qu'en renversant un
usage auquel les peuples sont accoutumés depuis
longtemps... un tel changement ne pourrait arriver
sans quelque trouble et sans quelque embarras. »

Le Ridant lui-même, quoique très absolu dans

(1) V. Gerbais, op. cit., 391 et suiv.

l'exposé de sa théorie, ne conclut pas d'une manière différente : « Quoique la puissance ecclésiastique n'ait droit par elle-même d'apposer aucun empêchement dirimant au mariage, il faut néanmoins convenir qu'elle exerce depuis longtemps une autorité précaire sur quelques-uns des empêchements qui sont en vigueur dans les États des princes catholiques... On ne prétend pas troubler la possession de la puissance ecclésiastique, ni insinuer à la puissance séculière de faire des changements à l'état actuel des choses; » que les ministres du culte « soient conservés dans la possession où ils sont depuis plusieurs siècles, on est bien éloigné de le trouver mauvais; mais qu'ils ne confondent pas la possession avec le droit en lui-même; et qu'ils ne prétendent pas avoir reçu de Jésus-Christ une autorité qui est civile par sa nature, pendant qu'ils ne la tiennent véritablement que de la concession et de la piété des princes catholiques » (1).

Telle était la conclusion de la doctrine (2).

---

(1) Le Ridant, op. cit., préface *in fine*.

(2) Nous ne saurions passer sous silence les canonistes étrangers qui professèrent la même doctrine que nos civilistes; parmi les plus célèbres, citons : Van Espen, de Louvain, 1646-1728; le père Oberhauser, conseiller ecclésiastique du prince de Foulde; Petzek, professeur en droit canon à l'Université de Fribourg : *De potestate ecclesiæ in statuendis matrimonii impedimentis*, 1783; ces deux derniers soutinrent le droit exclusif des princes. — Thomas Nesti : *de dirimentibus matrimonium impedimen-*

De but immédiat, aucun : en pratique, on maintenait le *statu quo*, avec quelques réserves pour le principe. Était-ce donc la faillite de la doctrine? Non pas.

En se renfermant dans ses limites naturelles, en se bornant aux études spéculatives, la doctrine a accompli une œuvre considérable. Sans parler ici de l'influence manifeste que ses formules exercèrent sur les différentes conceptions que l'on se fit du mariage des protestants, faut-il compter pour rien ces efforts souvent couronnés de succès, pour éclairer une partie de notre droit public si longtemps obscurcie ; et si les véritables résultats n'apparaissent que lors de la Révolution, résultats d'ailleurs que nos gallicans étaient loin de prévoir si absolus, n'est-ce pas déjà une conséquence remarquable d'avoir immobilisé l'Église en face de l'État? Il faut ajouter aussi que l'État ne crut pas devoir agir non plus ; sur ce terrain peu solide, chacune des deux puissances rivales gardait l'immobilité pour conserver son équilibre ; le moindre pas en avant eut en effet rendu la situation délicate, elle était du reste sans issue et devait bientôt devenir révolutionnaire.

tis, Florence, 1785. — Georges Biffigandi : *de jure principis circa nuptias*, Mantoue, 1788.

§ V

LE MARIAGE DES PROTESTANTS

La doctrine à elle seule, eut été impuissante à produire quelque résultat pratique : il lui manquait le germe fécondant, l'idée qui parle au cœur ; elle ne s'adressait qu'à quelques érudits, qu'à quelques juristes, et ce cercle restreint de penseurs n'eut jamais pu, du fonds de son cénacle, opérer une transformation aussi profonde dans les bases de notre société, que celle qui fut l'œuvre de la Révolution.

Qu'importaient à la masse ces discussions subtiles et froides, ces distinctions dogmatiques du contrat et du sacrement ? c'étaient querelles d'école qu'elle ignorait, qui en tous cas lui étaient indifférentes.

De la doctrine à l'œuvre législative, la distance est longue à franchir ; pour transformer des principes en articles de loi, une transition est nécessaire : c'est l'opinion publique qui vibre, c'est le sentiment qui complète l'œuvre de la pensée.

Or, la situation changea, l'intérêt naquit, quand des vieilles institutions le mal se précisa, et fut frapper une part considérable des sujets du roi. Et dès

lors ce n'étaient plus le contrat et le sacrement qui
étaient en jeu, la lutte était plus haute. Sous l'influence de la philosophie, les idées de tolérance et de
liberté avaient fait leur entrée dans l'âme française,
et la lutte devait s'engager, terrible, entre les partisans des idées nouvelles et les défenseurs de la religion d'État, et de l'intolérance.

Les revendications des protestants paraissaient au
fond légitimes; ce qu'on redoutait surtout, c'était
les conséquences d'une première réforme; de la tolérance à l'égalité politique il n'y avait qu'un pas,
et ce pas, toutes les forces coalisées des jésuites
s'opposait à ce qu'il fut franchi (1). Disons mieux,
les calvinistes partisans de la liberté dans leurs
croyances, et de l'égalité dans la hiérarchie de leurs
ministres, ne cachant pas leur préférence pour le
gouvernement par le peuple, étaient suspects de tout
temps au gouvernement monarchique. Ceux qui les
attaquaient ne l'oublièrent pas, et transportèrent,
souvent, pour les mieux vaincre, la question purement juridique, sur le terrain politique.

La doctrine cependant, eut une sérieuse influence
sur le mariage des protestants. Les différentes conceptions que l'État se fit successivement de ses droits
en cette matière, servent de point de repère pour sui-

(1) Dicours par un ministre patriote sur le projet d'accorder l'état
civil aux protestants, 1787. Voir pages 168 et suivantes.

vre la marche des idées chères aux civilistes et coïn-
cident avec les progrès de la doctrine.

Les raisons historiques qui avaient fait de l'Église
une puissance investie de pouvoirs considérables sur
le mariage, n'existaient pas ici. De plus pour les protestants le mariage n'étant pas un sacrement, le partage d'attributions que la doctrine faisait sortir de la
distinction du contrat et du sacrement était hors de
cause ; tombé au rang de simple contrat, le mariage
entre calvinistes rentrait tout entier dans l'ordre civil.

Cependant, lors de l'édit de Nantes, nul ne songeait à appliquer des principes que la doctrine devait
bientôt mettre en lumière : on se laissa guider par la
tradition, non par la raison : et par un oubli qui deux
siècles plus tard pouvait paraître singulier (1), on
s'abstint de réglementer la forme du mariage.

Ceci ne nous surprendra pas, si nous nous souve-
nons que la première revendication du pouvoir royal
est de 1556 ; que l'ordonnance de 1579, reproduction

---

(1) V. 1er mémoire de Malesherbes sur le mariage des Protestants, page 31. « Il semble que la justice civile devait alors reprendre ses droits. La naissance et la mort sont indépendantes du bap-
tème et de l'enterrement, quant au mariage des protestants, un
souverain catholique regarde comme nulle la bénédiction donnée
par un pasteur que l'Église ne reconnaît pas, il n'y considère que
l'acte civil. Si l'on ne rétablit pas à cette occasion pour les protestants l'ordre établi par le droit naturel, cela peut venir unique-
ment de ce que la plupart des législateurs ne sont qu'imitateurs
et remontent rarement aux premiers principes. »

des décisions du Concile de Trente, mises sous
forme d'édit à l'usage des sujets catholiques du roi,
n'était qu'un détour pour satisfaire, en la forme, les
prérogatives du pouvoir temporel à l'encontre de
l'Église, dont on se contentait de copier les décrets.
Ce n'était vraiment pas là un acte personnel du pouvoir royal. Aussi quand il s'agit des protestants, le
Pouvoir civil ne sût profiter d'une liberté qu'il
retrouvait après une paralysie de plusieurs siècles, et
se renfermant dans une habituelle inaction, il conti-
nua d'oublier ses droits.

Ce silence ne pouvait donc être interprété comme
un renvoi tacite au droit commun des catholiques.
Malgré tout, les calvinistes s'y conformèrent, et prirent l'habitude de se marier devant leurs ministres.
Ceux-ci se chargaient de la publication des bans et
de la tenue des registres.

Lors donc, Louis XIV résolut d'anéantir l'hérésie ;
et d'abord l'exercice de la R. P. R. fut interdit en
divers lieux, des ministres choisis par l'intendant de
la province, et qui devaient se renfermer exclusive-
ment dans leur rôle d'officier de l'état-civil, célébrè-
rent les mariages des réformés ; les registres étaient
tenus au greffe de la plus prochaine juridiction royale,
et là, à l'audience, avaient lieu les publications de
bans (1). Retour partiel, mais certain, aux principes ;

(1) Édit du 15 sept. 1685.

ainsi, dans le domaine législatif, se traduisait la doctrine. La mesure était d'ailleurs générale et s'étendait en même temps qu'aux mariages, aux baptêmes et aux décès.

Mais ce régime dura peu ; quelques semaines plus tard, l'édit de Nantes était révoqué, et les ministres devaient tous sortir du royaume (1).

Qu'allait devenir le mariage des protestants ?

Les uns se mariaient au *désert*, d'autres feignaient d'entrer dans la religion catholique et recevaient la bénédiction nuptiale des curés ; conversions peu sincères, pour lesquelles le clergé se montra d'abord assez accommodant.

Ces mariages étaient tous irréguliers, mais les Parlements, pendant quarante ans, ne les annulèrent pas.

Ce n'était là qu'une situation précaire : on s'en rendait compte à la Cour, et Pontchartrain, alors secrétaire d'État, demandait, en 1697, que l'on consultât à ce sujet « quelques évêques d'une doctrine, d'une sagesse et d'une piété connues, et comme la police extérieure y entre pour beaucoup, et que le concours des deux puissances y est nécessaire, il demandait qu'on y adjoignit quelques magistrats des plus

_____

(1) Est-ce à dire que l'édit de septembre, non abrogé, était une plaisanterie ! Ce serait faire injure à Louis XIV que de le penser. On avait voulu laisser aux protestants le choix entre les curés et leurs pasteurs, pensant qu'ils opteraient pour le premier parti ; en effet, on tremblait de s'avouer protestant, parce qu'on savait que

instruits ». Pourquoi faire intervenir des évêques
dans cette consultation ? C'est que l'on était encore
loin, à cette époque, de considérer le mariage des
protestants sous son véritable aspect, abstraction
faite de tout caractère religieux.

L'archevêque de Paris, M. de Noailles, consulté à
ce sujet, proposa d'autoriser le mariage des calvinistes en présence d'un juge royal. Mais au lendemain
de l'édit de Nantes, dont le but était l'unité, ne de-
vait-on pas reculer devant la perspective d'une loi
spéciale et extraordinaire ? C'est ce qui arriva. L'ordonnance de 1698 se borna à reconnaitre tacitement
l'existence des protestants.

Ainsi commencèrent les difficultés, le clergé catholique exigea des nouveaux convertis des preuves
sincères de leur conversion, ce fut le régime des
épreuves.

En même temps, le parti des jésuites triomphait, et
arrachait au vieux roi l'ordonnance de 1715 qui pose
en principe qu'il n'y a plus de protestants. Cette présomption, dernier coup porté aux calvinistes, fut
confirmée tacitement par la déclaration de 1724.

Cependant, le système des épreuves continuait
malgré l'opposition des parlements, qui voyaient,

la profession de cette religion, quoi qu'elle ne fut pas défendue,
exposait à des persécutions de tout genre. C'était donc une démarche
très dangereuse d'être le premier à demander au roi un ministre
pour se marier.

dans les deux dernières ordonnances, un ordre impli-
cite donné aux évêques de procéder au mariage de
tous les sujets du roi ; de leur côté, les évêques se
croyaient le droit de juger si les futurs époux étaient
dignes des sacrements qu'ils demandaient.

Les protestants, devant le refus du prêtre de les
marier, ne voulant se soumettre à des épreuves
rigoureuses qui duraient parfois plus de six mois,
allaient se marier au désert ; et on assista à ce scandale qu'il n'y eut plus que des bâtards dans la communion protestante.

Un certain abbé Robert chercha à le faire cesser.
Il demandait qu'on supprima ces indécentes épreuves, et pour obvier en même temps aux profanations
du sacrement et aux bâtardises, il voulait qu'on établit deux sortes de mariage qui seraient tous deux
célébrés dans l'église et par les curés ; l'un qui serait
le mariage des catholiques, l'autre, spécial aux protestants, ne serait qu'un engagement pris par les
conjoints ; sans être sacrement, il aurait cependant
tous les effets civils.

Ce projet, comme celui de M. de Noailles, rencontra certaines oppositions devant lesquelles il
échoua.

La situation des protestants était toujours critique ; en 1739 elle s'aggrava ; le présidial de Nismes,
rompant avec une tradition de plus de quarante ans,
osa dissoudre un mariage de calvinistes, et cet

exemple fut suivi : les Parlements « cassèrent plusieurs centaines de ces mariages, rapporte le baron
de Breteuil..... condamnèrent les hommes aux ga-
lères perpétuelles, les femmes à être rasées et en-
fermées, confisquèrent les dots au profit des hôpitaux,
et, par là, firent tomber sur plus d'un million de
français cette même flétrissure de concubinage et
de bâtardise. »

A Versailles, l'embarras était grand ; le procureur
général Joly de Fleury, consulté en 1752, composa
un mémoire dans lequel il proposait de donner aux
magistrats le droit de forcer les curés de procéder
aux mariages sous peine de saisie du temporel ; en
même temps, il demandait la simplification des
épreuves.

Mais cette solution blessait tout le monde ; pourquoi ne pas revenir aux principes ?

Sur ces entrefaites parut une brochure anonyme
qui eut un grand retentissement, *Le Conciliateur*,
dont Turgot était l'auteur. Il demandait la liberté
pour tous. « Je ne prétends pas, disait-il, obliger les
évêques à donner un sacrement malgré eux, c'est
un bien dont je leur laisserai toujours l'administration, mais je voudrais que ce ne fût ni le sacrement
de baptême, ni celui du mariage, qui fixât l'état des
citoyens (1). »

---

(1) Turgot, *Œuvres complètes*, t. II, pages 698, 699.

Le Conciliateur fut entendu. M. Joly de Fleury dut renoncer à son projet.

Mais les protestants n'obtinrent pas pour cela gain de cause ; il leur fallut attendre encore 35 ans avant d'avoir un état civil régulier ; ce ne fut qu'en 1787, à la veille de la Révolution, que Louis XVI, cédant aux instances de Malesherbes et à l'opinion publique, réalisa une réforme qui, même dans le clergé, trouvait peu d'adversaires (1).

Malesherbes en avait tracé le plan. Pour que les protestants ne fussent plus un parti, mais une secte, le seul remède, avait dit Malesherbes, était que leur forme de mariage et leurs registres fussent communs entre eux et beaucoup d'autres citoyens (2) ; en conséquence, l'édit s'applique aux non catholiques, et non pas aux seuls protestants ; de même, conformément au mémoire de Malesherbes, il y eut deux formes légales de mariage ; on put le contracter soit devant le prêtre catholique, soit devant le pre-

----

(1) Malesherbes, *1er Mémoire*, page 130 : « Il y en a peu (d'évêques) qui ne conviennent aujourd'hui de la nécessité de donner un état civil à ceux à qui ils croient devoir refuser ce sacrement. »

(2) Malesherbes, *2e Mémoire*, pages 93 et suiv. : « Pour y parvenir, il serait à désirer qu'on pût ne laisser aucune différence extérieure entre eux et les catholiques et que l'état de tous les sujets du roi, de quelque religion qu'ils soient, fut constaté par les mêmes officiers et dans les mêmes registres... Cela est impossible, puisque les curés qui marient les catholiques ne peuvent pas prêter leur ministère au mariage des hérétiques. »

mier officier de la justice locale ; enfin, les juges
royaux furent déclarés compétents.

Ainsi, après bien des tentatives infructueuses, on
arrivait à un mariage civil pour les protestants ; les
idées de tolérance l'avaient rendu nécessaire, la
sécularisation complète serait dictée par d'autres
principes.

DEUXIÈME PARTIE

—

LA RÉVOLUTION

§ Iᵉʳ

LE MARIAGE CIVIL

La Révolution nous a donné le mariage civil. En
réalisant un changement si considérable, a-t-elle obéi
à l'opinion publique, dont l'organe le plus sûr nous
paraît être les cahiers de doléances de 1789 ? Sans
hésitation, on doit répondre négativement. A cette
époque la nation ne songe pas à cette grande réforme ; dans l'état actuel des choses, elle trouve des
inconvénients et elle s'en plaint, mais ses désirs sont
modestes ; que les registres de l'état-civil soient
mieux tenus, ceci tout le monde le souhaite, aussi
voyons-nous quelques cahiers demander une exécution stricte des ordonnances et déclarations royales
« pour la sécurité et la tranquillité des familles, et
pour leur assurer des successions qu'elles perdent
plusieurs fois par l'inobservance et l'inexécution des
lois » (1) ; que l'on supprime aussi les dispenses
pour mariage qui effacent certains empêchements
pour les riches et les laissent subsister chez les pau-

_____

(1) Paroisse des Molières.

c. 7

vres, ou du moins qu'on les délivre gratuitement.
Ainsi se traduisent les doléances des sujets du roi, à
l'encontre des abus dont ils ont le plus directement
souffert ; ce ne sont là que vœux particuliers, on
n'aspire pas à la sécularisation. Mais faut-il jamais
chercher dans les plaintes du peuple l'indication de
de ces réformes capitales, qui, par leur caractère
abstrait, échappent au vulgaire?

La question ne fut posée qu'incidemment. L'acteur
Talma s'étant vu refuser, à raison de sa qualité, la
bénédiction nuptiale par le curé de Saint-Sulpice,
présenta à l'Assemblée constituante une pétition qui
fut lue en séance le 12 juillet 1790, dans laquelle il
proclamait le droit pour tout citoyen de contracter
une union légitime. Cette pétition fut renvoyée au
Comité de constitution et au Comité ecclésiastique
réunis. Le terrain était des plus favorables ; là se
trouvaient réunis des gallicans célèbres Camus,
Lanjuinais, d'Ormesson, Treilhard et Durand de
Maillane qui fut chargé de la rédaction du rapport.

Le Ridant, dans un cas analogue, ne demandait,
quarante ans auparavant, qu'une loi spéciale à ces
catholiques « qui, eu égard à leurs dispositions actuelles, ne peuvent que profaner le mariage ». Mais
en ces dernières années on était devenu plus auda-
cieux, les hommes semblaient atteints d'une sorte de
fièvre de réformes, on se grisait des mots liberté,
égalité, et dans l'attente de la fraternité universelle

que l'on rêvait, on voulait unir tous les Français dans le même idéal d'idées généreuses, faire
disparaître les divisions de classe et de religion, ne
laisser subsister qu'un titre, celui de citoyen. Aussi
que le rapport de Durand de Maillane ne nous étonne
pas ; les conclusions qu'il tire de la distinction du
contrat et du sacrement sont en unisson avec le nou-
vel état d'esprit. « Le mariage peut subsister et doit
même subsister comme contrat civil, et pour tous les
effets civils, indépendamment de la bénédiction ecclésiastique qui en fait un sacrement ; c'est-à-dire que
sans dénaturer le mariage formé déjà par le consentement des parties, cette bénédiction le sanc-
tifie, lui confère les grâces de la loi nouvelle en sorte
que la même cérémonie qui est un sacrement s'exerce
sur le mariage déjà contracté... ; ceux donc qui ne
professent pas la religion catholique se borneront
au contrat civil de leur mariage, auquel les lois donneront tous les effets nécessaires au citoyen pour
son existence légale et civile. Les catholiques conti-
nueront de recevoir la bénédiction nuptiale de leur
curé en la manière accoutumée. Mais ce ne sera
qu'après avoir fait comme les autres leur déclaration
devant les officiers municipaux qui en retiendront
l'acte et la minute dans leurs registres. Par ce moyen
l'état légitime de tous les citoyens est certifié par
leur propre municipalité ; il est consigné dans le
centre et le foyer commun de leurs habitations, où,

dans l'esprit régénérateur et politique de la constitution ils doivent vivre comme des frères ou des enfants d'une même famille (1). »

Le rapport achevé rapidement fut distribué aussitôt ; des contradicteurs ne tardèrent pas à surgir, trois réponses furent publiées qui attaquaient les conclusions du rapporteur, et même ses prémisses, la distinction du contrat et du sacrement ; Durand de Maillane répliqua, affirma que l'Église ne serait nullement atteinte par la nouvelle mesure, qui visait simplement à ce que l'état politique des citoyens ne fut pas dans une dépendance si absolue des formes de l'Église ou des fonctions de ses ministres.

L'opposition que le projet du comité avait rencontré lors de l'apparition du rapport de Durand de Maillane, devait surgir de nouveau quand on vint à le discuter. Devant une mesure aussi considérable, plus d'un devait hésiter, et un rapprochement se faisait naturellement entre le fait si spécial qui le motivait et la transformation qu'il devait entraîner.

---

(1) *Procès-verbal de l'Assemblée nationale,* tome 55, n° 653. Le rapport était suivi d'un projet de décret dans l'exposé des motifs duquel nous remarquons ces considérants. « Attendu que tous les hommes ont un droit égal à l'état civil indépendamment de leurs opinions religieuses ; qu'il n'y a rien de plus propre à maintenir le bon ordre parmi les citoyens que de régler la manière de constater leurs naissances, leurs mariages, leurs décès par une loi générale et uniforme pour tous les individus et pour tout le royaume.... »

Eh quoi ? pour le cas du sieur Talma, cas infiniment
rare, on allait bouleverser les habitudes de tout un
peuple : la liberté de conscience était sauvegardée
par l'édit de 1787 ; qu'était-il besoin de réaliser une
autre réforme ? Certes, les civilistes, théoriciens gui-
dés par les principes, voyaient les choses autrement
que la majorité de l'assemblée et saisissaient avec
empressement l'occasion de rétablir les droits du
pouvoir civil , mais c'était une minorité. En général
l'assemblée ne semblait pas disposée à laisser venir
le projet en discussion, lorsqu'une circonstance imprévue la força d'en aborder l'examen.

La constitution civile du clergé avait été votée ;
désormais se trouvaient en présence le clergé assermenté et le clergé réfractaire ; or, de nombreux catholiques ne reconnaissant que ce dernier qui n'avait
rien d'officiel, faisaient baptiser leurs enfants par
des prêtres réfractaires, de sorte que ces enfants
n'avaient pas d'état civil : il était donc urgent d'or-
ganiser un mode de conservation de l'état des citoyens,
uniforme et indépendant de la religion. A cet effet,
une députation de la ville de Paris, ayant son maire
Bailly à sa tête, se présenta à la barre de l'assemblée
le 14 mai 1791, et invoquant les principes de liberté
inscrits dans la déclaration des droits de l'homme et
du citoyen, demanda qu'une loi divisât des fonctions
réunies jusqu'à présent et désormais incompatibles.

Lanjuinais, membre du comité ecclésiastique,

appuya Bailly, ajouta que la loi devenait nécessaire, et que le comité ecclésiastique qui l'avait préparée depuis six mois, n'attendait que les ordres de l'assemblée pour la lui soumettre. En vain Gombert déclara qu'il y avait des objets plus pressants. L'assemblée décida que le rapport des comités serait mis à l'ordre du jour.

Ainsi, chose curieuse, on reprenait l'idée de créer un état civil, mais cette fois, dans l'intérêt de catholiques insoumis aux lois de l'assemblée nationale ; on ne peut nier l'esprit libéral dont Bailly et Lanjuinais étaient animés.

La discussion s'engagea le 19 mai (1). Treilhard, au nom de l'égalité de tous les citoyens devant la loi, vint défendre le projet du comité. Rewbell le combattit ; tout en se défendant d'être inspiré par une idée fanatique, il se plaignit que la pétition émanât de non conformistes qui ne voulaient pas reconnaître des fonctionnaires publics ; et, en convenant de la vérité des principes sur lesquels on s'appuyait, il déclara en redouter l'application parce qu'elle pourrait servir des factieux, et il conclut à l'ajournement. « Après des débats longs et tumultueux », dit le *Moniteur*, l'ajournement fut prononcé. Les motifs de Rewbell, tout de circonstance, avaient entraîné cette assemblée im pressionnable.

(1) V. *Moniteur* du 22 mai.

Mais les partisans de la nouvelle loi, fermes dans leurs principes, ne se découragèrent pas ; aussi, lors de la discussion de l'acte constitutionnel, saisirent-ils l'occasion de les formuler.

Desmeuniers(1) proposa l'article suivant: « La loi ne reconnaît le mariage que comme contrat civil. Le pouvoir législatif établira pour tous les habitants le mode par lequel les naissances, mariages et décès seront constatés, et il désignera les officiers publics qui en recevront et conserveront les actes. » Charrier de Laroche, évêque constitutionnel de Rouen, vint combattre la proposition. Était-ce le moment de dépouiller les pasteurs de l'Église de leur qualité d'officiers publics et civils dépositaires de la confiance du souverain, aussitôt après le vote de la constitution civile du clergé? « Nous sommes devenus en quelque sorte votre ouvrage, s'écriait le prélat ; nous avons besoin de tout votre appui, et vous avez aussi besoin de toute notre influence ; nous devons compter sur la protection de l'autorité séculière, comme elle doit se reposer sur notre correspondance..... On croirait que vous avez voulu punir l'Église avec éclat, d'avoir résisté quelque temps à la réforme que vous lui avez imposée, tandis que vous ne puniriez que ceux qui vous ont été soumis, et cette punition retomberait sur elle et sur vous-même. »

_____

(1) Séance du 27 août 1791, *Moniteur* du 28.

Il est certain que ces deux mesures, conséquences toutes deux de la théorie gallicane, étaient contradictoires, et que la seconde faisait ressortir encore davantage la maladresse de la première.

Lanjuinais répliqua que la motion proposée ne préjugeait rien, sinon que le mode qui serait établi le serait sans distinction pour tous les citoyens ; elle n'empêchait pas qu'on laissât ces fonctions entre les mains des ecclésiastiques, et l'article fut décrété (1).

L'équivoque créée par Lanjuinais devait bientôt être dissipée, en admettant même que quelques esprits aient pu s'y laisser prendre sérieusement ; on ne songeait pas à faire des curés des officiers de l'état civil : déjà le rapport de Durand de Maillane parlait d'officiers municipaux ; l'assemblée législative reprit les mêmes idées. Dès le 3 novembre 1791, elle ordonnait au comité de législation de présenter un projet de décret pour faire constater, par des officiers civils, les naissances, mariages et décès. Muraire fut chargé du rapport (2). « Le mariage, y est-il dit, n'est qu'un contrat civil ; et si c'est un contrat, c'est à la puissance séculière à en régler les formes : de longues usurpations ne peuvent servir de prescription contre la souveraineté » ; c'était faire œuvre utile que de « porter les derniers coups aux abus

---

(1) Mais avec la substitution du mot considère au mot reconnaît.
(2) Séance du 15 février 1792. V. *Moniteur* du 16.

de la puissance ecclésiastique, resserrer les ministres du culte dans leurs fonctions et nous garantir
d'une influence dont on a trop senti les dangers ».

Quand vint la discussion du projet de décret (1),
François de Neufchâteau en demanda l'ajournement
indéfini; il trouvait la mesure prématurée : pourquoi
changer tout d'un coup les usages et les habitudes
de la nation ? La France était-elle préparée à de pareilles innovations ? « Quoique nous soyons dans le
siècle de la philosophie, le peuple n'est pas encore
philosophe... l'instruction passe lentement dans la
classe du peuple qui travaille... aussi est-ce un devoir pour nous de remettre cette loi à un temps plus
opportun. » Que fallait-il donc faire ? Il fallait ins-
truire et éclairer le peuple, « faire entendre aux citoyens que, comme chrétiens seulement, ils appartiennent à la religion, que, comme hommes, ils appartiennent à la société ». Et en attendant l'instruction complète des masses, on leur laisserait le choix
entre l'officier civil et le curé ; « par cette mesure
provisoire, on préviendrait les secousses et le trouble que pourrait exciter une loi générale. »

L'objection avait déjà été prévue et réfutée par
Durand de Maillane. « Peut-être, disait-il dans son
rapport, que les esprits ne paraîtront pas encore assez
instruits pour se prêter avec le discernement convena-

_____

(1) Séance du 17 mars. V. _Moniteur_ du 18.

ble à cette nouvelle forme ? Mais nous l'avons déjà ob-
servé, partout où nous conserverons à l'Église ses
dogmes, nous ne devons pas plus, dans le bien que
nous faisons, nous arrêter à l'ignorance des uns qu'à
la malice des autres. La nation a le plus grand intérêt, en recouvrant sa liberté, d'en écarter tout ce
qui pourrait la lui faire perdre ; et il n'est pas peut-
être de moyen plus sûr pour la captiver que les faux
préjugés en matière de religion. »

Ces considérations, Muraire les fit valoir à son
tour : « dans les circonstances, toute demi-mesure
serait un peu rétrograde..... ; c'est la sagesse des
lois qui fait la maturité du peuple... et une instruction publiée sans lui n'aurait aucun effet. »

Une loi d'ailleurs était urgente, la dualité du
clergé, l'un officiel mais méconnu de très nombreux
catholiques, l'autre réfractaire mais qui avait avec
lui de profondes sympathies, continuait de créer de
graves difficultés ; enfin, l'article de la constitution,
qui proclamait le mariage contrat civil, autorisant
toutes les suppositions, faisait naître mille équi-
voques. Aussi, les objections de François de Neufchâteau n'arrêtèrent pas l'assemblée, et l'ajournement
fut repoussé.

Le 9 avril la discussion continuait ; il ne fallait
pas « laisser plus longtemps la souveraineté de la
nation honteusement courbée sous le joug des usurpations sacerdotales » et après avoir retracé, en un

vigoureux tableau, l'histoire du mariage sous l'an-
cienne monarchie, Vergniaud concluait en sommant
l'assemblée de se souvenir des droits du Pouvoir
civil.

Ce discours triompha des dernières hésitations, la
cause était entendue, et quelques mois plus tard, le
20 septembre, après une discussion sans cesse in-
terrompue et reprise, on finissait par adopter le
décret qui réalisait le vœu de l'assemblée constituante.

Ainsi s'était accomplie cette réforme capitale ; ses
adversaires lui reprochaient d'être prématurée, pour
nous, au contraire, il en est peu qui aient été plus
longuement réfléchies. Les idées avaient suivi leur
développement logique ; si la liberté de conscience
exigeait que l'état civil des citoyens fut indépendant
de leur culte (1), la souveraineté de l'État n'était pas
moins intéressée à retirer des mains du clergé un
moyen d'influence aussi considérable, que celui dont
la faiblesse des premiers rois l'avait investi (2) ; en

(1) L'édit de 1787 avait réalisé ce desideratum pour les non
catholiques.

(2) Ce mélange de fonctions civiles et spirituelles, dont les curés
étaient revêtus sous l'ancien régime, était gros de dangers ; dans
son premier mémoire, Malesherbes nous en donne un exemple :
l'évêque d'Alais, dans un mémoire, cite une consultation de trente
docteurs en Sorbonne qui avaient décidé qu'on devait refuser les
sacrements à des gentilshommes qui avaient usurpé les bois du
roi. L'évêque soutient que le curé devait non seulement refuser

constituant le clergé assermenté officier d'état civil,
on eut continué les errements de la monarchie ; on
n'eut pas tardé à s'en repentir ; quant à faire des
ministres des différents cultes autant d'officiers de
l'état civil, il n'y fallait pas songer ; cette mesure
dangereuse pour l'État, l'était aussi pour la paix publique en tendant à perpétuer les haines religieuses ;
aussi, estimons-nous que l'œuvre de la Constituante
et de la Législative, est une application irréprochable
des principes de droit public moderne.

Le principe de l'indépendance des deux mariages
était admis sans réserves. Le mariage religieux étant
resté en dehors des prévisions de la loi, il demeurait
permis de se marier à l'Église seulement ou à l'Église
d'abord et à la municipalité ensuite, ou réciproquement ; mais le mariage à la municipalité faisait seul
les époux devant la loi.

---

l'absolution, mais se constituer juge de l'usurpation et la punir par
un refus public du sacrement de l'eucharistie et de celui du mariage. « Il n'y avait plus qu'un pas à faire, continue Malesherbes,
pour refuser aussi les mêmes sacrements à ceux qui auraient plaidé
contre leur curé pour la dîme et même à ceux qui auraient été
employés par le roi pour lever le vingtième sur les biens ecclésiastiques et, en général, on voit que cette prétendue notoriété de
fait serait devenue, dans les mains des évêques et des curés, une
arme formidable pour établir en France une inquisition arbi-
traire. » — Sans doute le pouvoir civil pouvait arriver à vaincre
de pareilles résistances, mais ne valait-il pas mieux couper le mal
par la racine et supprimer toute possibilité de conflit en déclarant
indépendantes les deux puissances rivales ?

Ce régime de liberté dura peu ; on lit en effet dans l'article 54 de la loi du 18 germinal an X, qui contient les articles organiques : « Les curés ne donneront la bénédiction nuptiale, qu'à ceux qui justifieront en bonne et due forme, avoir contracté mariage devant l'officier civil », disposition qui a sa sanction dans les articles 199 et 200 du Code pénal. Pourquoi cette atteinte à la liberté, pourquoi cette immixtion du législateur civil dans l'administration d'un sacrement, après avoir proclamé que le mariage ne sera considéré que comme contrat civil ? C'est illogique. Nous le reconnaissons. Le législateur ne pouvant concilier les deux intérêts en présence, la liberté des citoyens et le bon ordre social, a sacrifié celui qu'il croyait le moins important.

Aujourd'hui c'est le Code civil qui réglemente le mariage ; il applique le principe formulé dans la constitution de 1791, sans le proclamer ailleurs que dans l'exposé des motifs dû à Portalis.

Dans le projet il était dit au titre *du mariage*, à l'article 1er des dispositions générales : « La loi ne considère le mariage que sous ses rapports civils et politiques. » Cette déclaration a disparu lors de la rédaction définitive. « Cette disposition dit Malleville, l'un des quatre rédacteurs du projet, est d'une vérité évidente. Il est bien certain que dans un pays qui protège toutes les religions, la loi ne peut considérer le mariage que sous ses rapports civils, et abstraction faite des rits religieux : mais par cela même on trouvera qu'elle était inutile à énoncer. »

Elle l'était d'autant plus que le principe était déjà entré dans les mœurs, et quand douze ans plus tard, la Restauration supprima le divorce, elle ne toucha pas au principe de la sécularisation qu'elle adopta avec toutes ses conséquences : (1) n'est-ce pas la meilleure réfutation de ceux qui s'alarmaient d'une réforme trop rapidement conduite ?

---

(1) Des tentatives réactionnaires furent toutefois tentées sur ce point ; elles échouèrent (projet Lachèze-Murel, 1817). Aujourd'hui encore une minorité de catholiques proteste contre notre droit actuel.

§ II

LE DIVORCE

Quand nos gallicans établissaient autrefois la distinction du contrat civil et du sacrement, ils étaient
loin de se douter qu'on chercherait un jour à y rattacher la question du divorce par voie de conséquence ;
cela eut lieu cependant.

Sans doute, les philosophes du XVIIIᵉ siècle qui en
étaient partisans, invoquaient surtout à l'appui de
leur opinion la liberté individuelle, les droits de la
femme et le bonheur des époux. « Il est absurde,
disait Rousseau, que la volonté se donne des chaînes
pour l'avenir et il ne dépend d'aucune volonté de
consentir à rien de contraire au bien de l'être qui
veut. » Dans un autre passage le même philosophe
s'en prend à ce sceptre de fer, à ces lois insensées qui
ont réduit le mariage à n'être qu'un état malheureux
et ridicule (1). Quand à Diderot plus absolu encore,
c'est l'union libre dont il vante les bienfaits.

Cependant l'idée du contrat avait déjà été invoquée

(1) J.-J. Rousseau, Lettre de l'archevêque de Paris.

comme devant conduire au divorce. « Dans le mariage
comme dans toutes autres conventions, nous dit
Pufendorf, dans son traité de droit naturel, une partie
peut-elle se dégager lorsque l'autre a violé les arti-
ticles principaux du contrat ? Je réponds hardiment
oui, s'il s'agit d'articles essentiels. » De même, Locke
aboutissait au divorce par consentement mutuel.
« Cela ne laisse pas occasion de demander, nous dit-
il quelque part, que le mari et la femme puissent
disposer d'eux comme il leur plaira, par accord pour
un certain temps ou sous de certaines conditions, conformément à ce qui est pratiqué dans tous les autres
contrats ou traités volontaires. »

Si en effet, le mariage n'est qu'un contrat, une
convention formée par le simple consentement, il
sera soumis aux règles ordinaires de ces actes juri-
ridiques : par exemple si une partie ne satisfait pas
à son engagement, l'autre pourra en demander la ré-
solution ; de même comme le mariage est un contrat
intuitu personæ, il sera dissous par les changements
survenus dans l'état des époux ; enfin il prendra fin
par le même procédé qui l'a formé, par le consentement mutuel.

Quoi qu'il en soit, on pensait peu au divorce dans
le peuple ; un seul cahier, celui du duc d'Orléans, le
demandait.

Durand de Maillane, dans son rapport à la Constituante, avait incidemment posé la question du divorce

par consentement mutuel, se demandant si le mariage
rentrait dans le droit commun des contrats ; et, à
propos du célèbre passage de la Genèse « *quod Deus
conjunxit, homo non separet* », « est-il si absolu,
si général dans son application, disait-il, que dans
tous les cas, pour aucune raison, le divorce ne puisse
avoir lieu ? » C'était le premier pas dans la voie du
divorce, timide, sans doute, mais dont la portée fut
sentie ; les réponses à son mémoire prirent soin de
relever cette modeste pierre d'attente et d'en faire la
réfutation.

Cependant des brochures paraissaient, demandant
le divorce (1). « La loi disait-on, ne reconnaît plus de
vœux religieux, or, qu'est-ce qu'un vœu, un engagement irrévocable, et qu'est-ce que le lien du mariage,
sinon un engagement irrévocable, c'est donc aussi un
vœu. » Et on ajoutait « l'homme naît et demeure
libre, dit la solennelle déclaration, et quelle serait
cette liberté qui ne nous permettrait pas de revenir
sur une démarche une fois faite, notre malheur éternel
dut-il en être le résultat ? »

C'étaient des raisonnements de cette sorte qui, à
l'Assemblée législative, allaient emporter le vote du
divorce.

On sait avec quelle sévérité Taine se prononce sur
cette époque troublée : il est particulièrement dur

_____

(1) *Un mot sur le Divorce.* Paris, Didot, 1791.

c. 8

pour la seconde assemblée révolutionnaire ; nous devons avouer qu'ici le jugement est mérité, et qu'en une matière de cette importance, le législateur se prononça dans des conditions de légèreté qui méritent peu d'indulgence.

Le 30 août 1792, Aubert Dubayet proposait l'établissement du divorce. A l'appui de sa proposition il reprend, dans le style pompeux et emphatique de l'époque, les lieux communs et les idées fausses qui traînaient partout depuis plusieurs années. Il invoque tour à tour l'intérêt de la femme qui « ne doit pas être l'esclave de l'homme », le bonheur des unions, car « loin de rompre les nœuds de l'hymée, vous les resserrerez davantage ; dès que le divorce sera permis, il sera très rare ; on supporte plus facilement ses peines quand on est maître de les faire finir ; nous conserverons dans le mariage cette inquiétude heureuse qui rend les sentiments plus vifs... Maris !... en décrétant le divorce, vous acquerrerez un titre précieux à la reconnaissance de la postérité. »

Il n'y avait là que de la phraséologie creuse et pas un argument sérieux ; aujourd'hui, on ne présente plus guère le divorce que comme un mal nécessaire, destiné à porter remède à certaines situations intolérables ; pour nos législateurs de la Révolution, le divorce était le souverain remède.

Chose curieuse personne ne combattit la proposition, sauf Guadet, qui bien que partisan du divorce, déclara inutile d'en decréter le principe, attendu qu'il l'était déjà ; dans cette époque troublée, on croyait qu'une institution si importante pouvait découler naturellement de la déclaration des droits de l'homme, ou de l'article de la constitution de 1791 qui reconnaissait le mariage comme contrat civil ; certains tribunaux, appliquant ce soi-disant principe, avaient déjà dissous des unions, et Guadet déclara que lui-même, dans un tribunal de famille, avait prononcé un divorce. Cependant, comme le principe n'était formellement écrit nulle part, l'assemblée s'empressa de le proclamer.

Le rapport était achevé sept jours après, et Leonard Robin en donnait lecture à l'assemblée. A son tour il invoque la liberté des conjoints, qui ne peut jamais être aliénée d'une manière indissoluble par aucune convention, et le caractère contractuel du mariage, aussi le comité accordait-il la plus grande latitude à la faculté du divorce ; mais l'attention de l'assemblée était ailleurs, au même moment avaient lieu la prise de Verdun et les massacres de septembre ; distraite par ces multiples préoccupations, elle vota le projet le 20 septembre sans que personne le combattit (1).

(1) Voici le préambule du décret : L'assemblée nationale, considérant combien il importe de faire jouir les Français de la faculté du divorce qui résulte de la liberté individuelle dont un engagement indissoluble serait la perte ; considérant que déjà plusieurs époux

Et pourtant l'innovation était considérable ; le divorce était admis avec les facilités les plus grandes, conséquence des idées que nous connaissons ; non seulement on divorçait pour causes déterminées, telles que l'aliénation mentale d'un époux, ou manquement grave aux engagements qui dérivent du mariage ; mais encore par consentement mutuel, ou même simplement pour incompatibilité d'humeur.

Les conséquences déplorables de cette loi ne tardèrent pas à se faire sentir. Son unique bienfait fut d'avertir le législateur de l'avenir qu'il faut s'en tenir aux idées sans se laisser prendre au mirage des mots.

Le mal, en effet, vint du moins en partie de ces mots : « Contrat civil » dont on avait tant usé autrefois. Certes, quand il s'agit de résoudre pacifiquement l'antagonisme latent entre l'Église et l'État, la combinaison était satisfaisante ; nos gallicans désireux d'aboutir à une transaction qui respectât à la fois, au moins en la forme, les prétentions de l'Église et les droits de l'État, avaient été heureux d'user de ce détour qui conciliait leurs croyances religieuses et leur respect de l'Église avec leur foi politique et leur dévouement au roi ; cette distinction symbolisait en

---

n'ont pas attendu pour jouir des avantages de la disposition constitutionnelle, suivant laquelle le mariage n'est qu'un contrat civil, que la loi eut réglé le mode et les effets du divorce, décrète qu'il y a urgence.

la matière du mariage celle du temporel et du spirituel, et à cet égard nous lui accordons une certaine
valeur.

Mais où est l'erreur, c'est d'avoir voulu transpor-
ter sur un terrain tout différent cette locution qui ne
s'accordait qu'avec une situation toute spéciale. On
disait contrat civil pour exprimer ce qui, dans le
mariage, tombait sous la puissance temporelle : et
c'était tout. Et encore tous les civilistes n'avaient-ils
pas adopté un pareil vocabulaire ; Le Ridant, qui est
un puriste et qui recherche avec soin l'expression
correcte, se gardait bien de parler de contrat civil (1) ; il distingue au contraire volontiers le mariage du sacrement de mariage : peut-être sentait-il
le danger de parler de contrat, quand il s'agit de
l'union de l'homme et de la femme.

Les législateurs de l'époque révolutionnaire ont
trouvé cette expression « contrat civil », ils l'ont re-
tirée du cadre qui lui donnait son véritable sens, et
l'ayant ainsi transformée, en ont fait sortir le divorce.

Croyaient-ils donc, d'un trait de plume, changer
le caractère de cette institution sur laquelle repose
e monde ? il est des choses immuables, et le mariage

_____

(1) Quand il emploie cette expression, c'est avec des précautions
oratoires dans le genre de celle-ci : « ce que les théologiens appellent le contrat civil. » Voir Le Ridant, op. cit., préface.

est de celles-là : vouloir le ravaler au rang de simple contrat, vouloir le renfermer comme un acte juridique ordinaire dans les limites étroites d'un Code, c'est lui ôter son caractère le plus noble et le plus vraiment humain : les rapports entre les personnes, surtout entre les époux, ne se règlent pas tous au moyen de formules et d'articles de loi ; il y a quelque chose au-dessus de tout cela : c'est le sentiment, c'est la pensée, l'amour même ; et en proclamant le mariage contrat et rien de plus, en faisant abstraction de cette complexité, nos théoriciens révolutionnaires ont foulé aux pieds les sentiments de l'homme les plus intimes et les plus profonds.

Vu :

Par le Président de la thèse,

Cʜ. LEFEBVRE.

Vu :

Par le Doyen,

GLASSON.

Vu et permis d'imprimer :

Le Vice-Recteur de l'Académie de Paris,

GRÉARD

TABLE DES MATIÈRES

Grande Imprimerie de Blo.s, 2, rue Haute

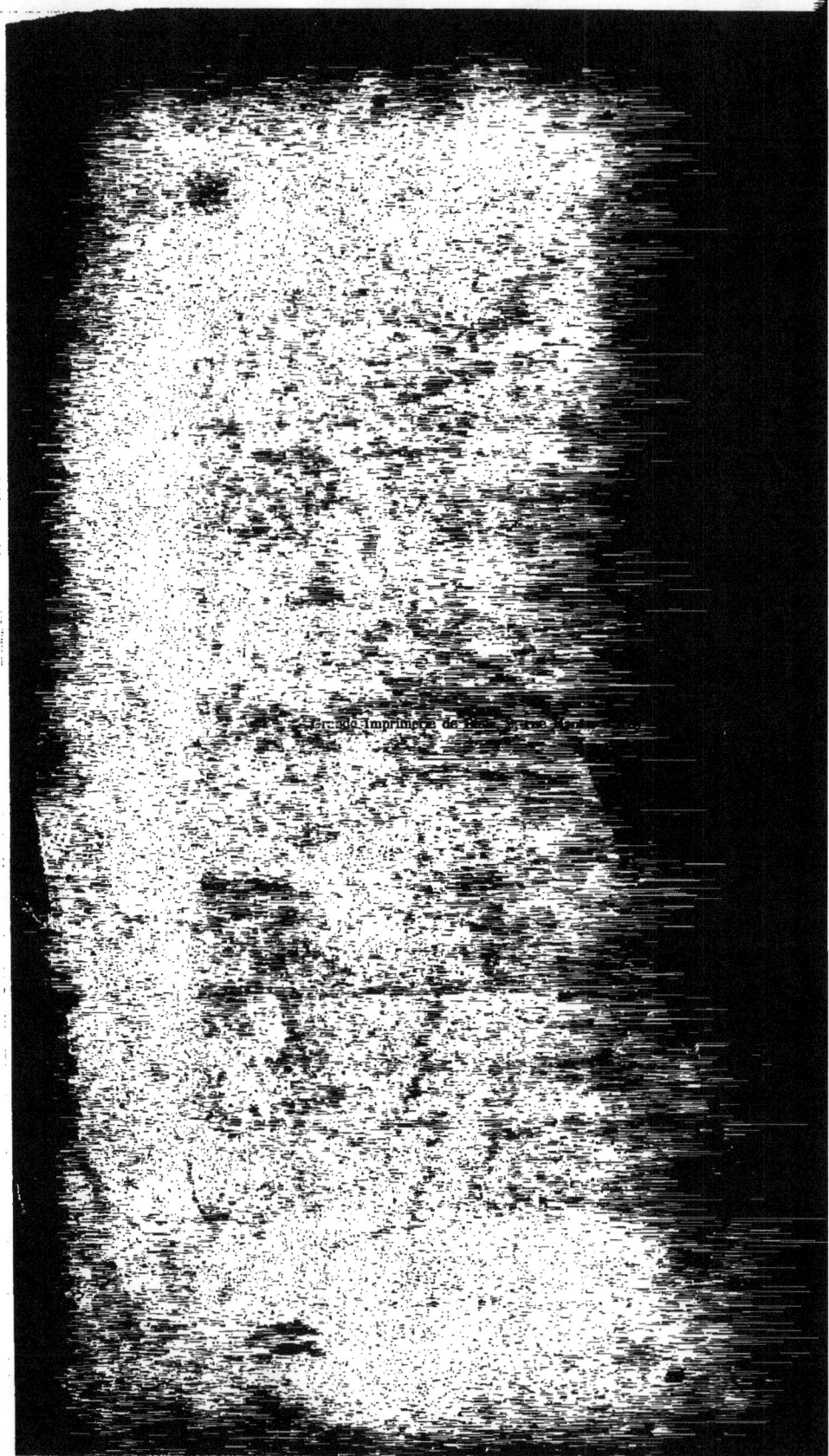

Grande Imprimerie de Bar-sur-Aube

www.ingramcontent.com/pod-product-compliance
Lightning Source LLC
Chambersburg PA
CBHW071153200326
41519CB00018B/5217